بسم الله الرحمن الرحيم

Salîm Ibn 'Îd al-Hilâlî & 'Alî Hasan al-Halabî

Le jeûne durant le Ramadan

comme l'a enseigné le Prophète ﷺ

Al-Hadîth éditions

Titre original du livre : *Sifat Sawm al-Nabiyy ﷺ fî Ramadân*
Auteur : *Salîm Ibn 'Îd al-Hilâlî & 'Alî Hasan 'Alî 'Abd al-Hamîd*
Traducteur : *Département des traductions*

ISBN : 978-2-930395-71-5
Dépôt légal : D/2009/9820/34
Quatrième édition

CECJ - 100, rue de la limite - 1210 Bruxelles
Tél : 0032 2 223 78 90 - 2 219 64 71
Fax : 0032 2 223 58 88
E-mail : daralhadith@hotmail.com
Web : www.haditheditions.com

TRANSCRIPTION

Arabe	Français	Exemple	Phonétique
ء	’	مُؤْمِنٌ	*mu’min*
ب	b	بَرَكَةٌ	*baraka*
ت	t	تَفْسِيرٌ	*tafsîr*
ث	th	ثَوَابٌ	*thawâb*
ج	j	جَنَّةٌ	*janna*
ح	h	حَيَاءٌ	*hayâ’*
خ	kh	خَيْرٌ	*khayr*
د	d	دِينٌ	*dîn*
ذ	dh	ذِكْرٌ	*dhikr*
ر	r	رَحْمَةٌ	*rahma*
ز	z	زَكَاةٌ	*zakât*
س	s	سُنَّةٌ	*sunna*
ش	sh	شَهَادَةٌ	*shahâda*
ص	s	صَلَاةٌ	*salât*
ض	d	ضَرُورَةٌ	*darûra*
ط	t	طَهَارَةٌ	*tahâra*
ظ	z	ظُلْمٌ	*zulm*
ع	‘	عَدْلٌ	*‘adl*
غ	gh	غُفْرَانٌ	*ghufrân*
ف	f	فِقْهٌ	*fiqh*
ق	q	قُرْءَانٌ	*qur’ân*
ك	k	كِتَابٌ	*kitâb*
ل	l	لِسَانٌ	*lisân*
م	m	مَسْجِدٌ	*masjid*
ن	n	نَبِيٌّ	*nabî*
ه	h	هُدًى	*hudâ*
و	w	وُضُوءٌ	*wudû’*
ي	y	يُسْرٌ	*yusr*

Les voyelles longues :

ا – â
و – û
ي – î

Nous rendons les voyelles longues ا et ى par â, و par û et ي par î. Nous ne transcrivons pas le *hamza* (ء) initial. Nous ne transcrivons pas le ة sauf à la fin des mots en état construit. Après â, nous le transformons en t.

ABRÉVIATIONS

H. : Hégire
p. : page
t. : tome

[ ] : ajout du traducteur
NDT : note du traducteur

❬(Ces jours sont) le mois de Ramadan au cours duquel le Coran a été descendu comme guide pour les gens, et preuves claires de la bonne direction et du discernement. Donc, quiconque d'entre vous est présent en ce mois, qu'il jeûne ! Et quiconque est malade ou en voyage, alors qu'il jeûne un nombre égal d'autres jours. Allah veut pour vous la facilité, Il ne veut pas la difficulté pour vous afin que vous en complétiez le nombre et que vous proclamiez la grandeur d'Allah pour vous avoir guidés et afin que vous soyez reconnaissants.❭

(Coran, *al-Baqara* : 185)

Préface

Les musulmans d'aujourd'hui, à cause de phénomènes étrangers à l'Islam, ont été influencés et se sont éloignés de leur Livre et de la sunna de leur Prophète ﷺ. Cet éloignement a provoqué beaucoup de perturbations dans la communauté.

De ce fait, nous avons voulu accomplir notre devoir d'orienter et d'instruire afin que les gens reviennent graduellement à leur Saint Livre et au chemin de leur Prophète ﷺ.

Pour ce faire, nous avons traduit une série de livres dont vous pourrez lire les titres à la fin de l'ouvrage. Nous espérons que ces livres corrigeront les manquements présents dans la communauté.

Comme le Ramadan approche, nous avons souhaité commencer cette série par le livre « Le jeûne durant le Ramadan comme l'a enseigné le Prophète ﷺ », pour que les gens apprennent à jeûner selon les instructions du Prophète ﷺ et non pas avec ignorance et imitation aveugle (*Taqlîd*), et aussi dans le but de corriger certaines conceptions erronées par rapport au jeûne.

Ce livre traite des modalités du jeûne du Prophète ﷺ, donne des conseils prophétiques sur le jeûne et corrige les pratiques erronées des musulmans d'aujourd'hui. Il se termine avec l'énonciation de quelques hadiths faibles et forgés parlant du jeûne, très répandus parmi la communauté, et cela afin d'éloigner cette dernière des innovations religieuses.

Ce qui nous a encouragé à choisir ce livre est aussi le fait qu'il soit écrit par deux éminents élèves du grand savant de notre temps dans les sciences du hadith, Mu<u>h</u>ammad Nâ<u>s</u>ir al-Dîn al-Albânî ﷺ.

Nous prions Allah ﷻ d'agréer notre humble travail et de faire de nous des prédicateurs véridiques de sa religion.

Les éditions al-Hadîth

Introduction

Louange à Allah, nous Le louons et implorons de Lui aide et pardon. C'est à Lui que nous nous repentons [de nos péchés] et nous cherchons refuge auprès de Lui contre nos mauvaises actions et nos mauvais penchants.

Quiconque Allah guide, personne ne peut l'égarer, et quiconque Allah égare, personne ne peut le guider.

Je témoigne qu'il n'y a point de divinité à part Allah seul et sans associé, et que Muhammad ﷺ est Son Serviteur et Messager.

Cher frère – qu'Allah nous réunisse dans Son amour et sur la conformité à la sunna de Son Messager ﷺ – à travers cet ouvrage nous allons découvrir l'importance et la place octroyées au jeûne en Islam, y compris la récompense, le mérite et l'honneur réservés à celui qui jeûne dans le but de demander l'agrément d'Allah ﷻ (*Wajh Allah*)[1].

Tout cela dépend strictement de la conformité d'un tel culte à la sunna du Messager ﷺ. Il a fait allusion à ce sujet en disant :

رُبَّ صَائِمٍ لَيْسَ لَهُ مِنْ صِيَامِهِ إِلاَّ الجُوعُ وَالْعَطَشُ.

« Il se peut qu'un jeûneur n'ait de son jeûne que la faim et la soif ».

---

1 *Wajh Allah*: veut dire *Visage d'Allah* qui est un de Ses attributs en lesquels chaque musulman a l'obligation de croire littéralement mais sans les faire ressembler à Ses créatures. NDT

C'est pourquoi il faut connaître la façon dont le Prophète ﷺ jeûnait ainsi que les obligations, les modalités (*Âdâb*) du jeûne, et les invocations qui s'y rapportent, afin de les mettre par la suite en pratique.

Vu la difficulté d'accès à la connaissance des détails d'un tel sujet par la plupart des gens, nous avons jugé utile de rédiger un ouvrage qui rassemble le maximum de tout ce qui concerne la description du jeûne du Prophète ﷺ durant le mois de Ramadan, pour les musulmans croyants qui ne contreviennent pas aux prescriptions d'Allah ﷻ et de Son Messager ﷺ.

Après avoir médité les versets et les hadiths authentiques traitant du jeûne, nous avons constaté qu'il existe deux sortes de jeûne :

a) le jeûne obligatoire.

b) le jeûne surérogatoire.

Ensuite nous avons demandé l'aide d'Allah ﷻ pour écrire au sujet du jeûne obligatoire. Car le Musulman ne peut trouver meilleur que les obligations décrétées par Allah ﷻ pour se rapprocher de Lui, selon le hadith parlant de l'allié (d'Allah) et qui est rapporté par al-Bukhârî.

En effet, l'agencement des matières et des chapitres de cet ouvrage est inspiré par les étapes par lesquelles l'obligation du jeûne est passée ainsi que de sa réalité pratique.

Ainsi, ce que vous y trouverez de juste et de bon provient d'Allah ﷻ. Et ce que vous y trouverez comme erreur provient de notre part et du diable.

Nous demandons à Allah ﷻ la réussite et la droiture dans la parole et l'action, car Il est certes Oyant et Exauceur.

Nous désavouons devant Allah toute erreur qui pourrait s'y trouver, tant de notre vivant qu'après notre mort.

Nous prions Allah de nous accorder la réussite et l'exactitude dans la parole et l'acte. Car Il est l'Oyant et Celui qui exauce les prières.

Salîm al-Hilâlî & 'Alî Hasan al-Halabî

Les mérites du jeûne

Dans le Glorieux Livre d'Allah ﷻ se trouvent de nombreux versets, clairs et sans équivoques, incitant au jeûne et mentionnant Ses mérites, en vue de se rapprocher de Lui, le Tout Puissant et Majestueux. Parmi ceux-ci figure la parole du Très Haut qui dit :

إِنَّ ٱلْمُسْلِمِينَ وَٱلْمُسْلِمَٰتِ وَٱلْمُؤْمِنِينَ وَٱلْمُؤْمِنَٰتِ
وَٱلْقَٰنِتِينَ وَٱلْقَٰنِتَٰتِ وَٱلصَّٰدِقِينَ وَٱلصَّٰدِقَٰتِ وَٱلصَّٰبِرِينَ
وَٱلصَّٰبِرَٰتِ وَٱلْخَٰشِعِينَ وَٱلْخَٰشِعَٰتِ وَٱلْمُتَصَدِّقِينَ
وَٱلْمُتَصَدِّقَٰتِ وَٱلصَّٰٓئِمِينَ وَٱلصَّٰٓئِمَٰتِ وَٱلْحَٰفِظِينَ
فُرُوجَهُمْ وَٱلْحَٰفِظَٰتِ وَٱلذَّٰكِرِينَ ٱللَّهَ كَثِيرًا وَٱلذَّٰكِرَٰتِ
أَعَدَّ ٱللَّهُ لَهُم مَّغْفِرَةً وَأَجْرًا عَظِيمًا

﴾ Les musulmans et musulmanes, croyants et croyantes, obéissants et obéissantes, loyaux et loyales, endurants et endurantes, craignants et craignantes, donneurs et donneuses d'aumône, jeûnants et jeûnantes, gardiens et gardiennes de leurs chastetés, invocateurs souvent d'Allah et invocatrices : Allah a préparé pour eux un pardon et une énorme récompense.﴿

(le Coran, *al-Ahzâb* : 35)

Et également celle qui dit :

وَأَن تَصُومُوا۟ خَيْرٌ لَّكُمْ ۖ إِن كُنتُمْ تَعْلَمُونَ

❮ Mais il est mieux pour vous de jeûner, si vous saviez.❯

(le Coran, *al-Baqara* : 184)

Dans la sunna authentique, le Messager ﷺ a démontré que le jeûne est une citadelle face aux passions et une protection contre l'Enfer, et qu'Allah ﷻ lui a réservé une des portes du paradis. Il a également cité que le jeûne sèvre les âmes de leurs passions et de leurs habitudes, ce qui les rend apaisées.

Cette grande récompense et cette grâce énorme sont bien détaillées et expliquées par les hadiths authentiques suivants :

1. Le jeûne est une protection

Le Messager d'Allah ﷺ a ordonné à celui qui éprouve un grand besoin sexuel sans pouvoir se marier, de jeûner. Il a désigné le jeûne comme une barrière contre un tel désir. Car il retient l'énergie des membres de tout geste excessif et apaise chacun d'eux, ainsi que l'ardeur des caprices en les tenant par les mors.

En effet, il s'est avéré que le jeûne à une importante influence dans la préservation des membres et de l'énergie intérieure. C'est pour cela qu'il ﷺ dit :

يَا مَعْشَرَ الشَّبَابِ مَنْ اسْتَطَاعَ مِنْكُمُ الْبَاءَةَ فَلْيَتَزَوَّجْ فَإِنَّهُ أَغَضُّ لِلْبَصَرِ وَأَحْصَنُ لِلْفَرْجِ وَمَنْ لَمْ يَسْتَطِعْ فَعَلَيْهِ بِالصَّوْمِ فَإِنَّهُ لَهُ وِجَاءٌ.

« *Ô jeûnes gens ! Que quiconque d'entre vous en a les moyens se marie. Car c'est ce qu'il y a de plus efficace pour pouvoir baisser le regard et préserver la chasteté. Quant à celui qui n'en a pas les moyens qu'il jeûne, car cela sera pour lui une protection* »[1].

L'Envoyé d'Allah ﷺ a expliqué que le Paradis est entouré des désagréments et que l'Enfer est bordé des passions. Cher musulman, il t'apparaît clairement que le jeûne réprime les passions et qu'il brise leur virulence. Sachant que ces dernières sont proches de l'enfer, le jeûne s'interpose entre le jeûneur et l'enfer. C'est pourquoi les hadiths proclament qu'il est une citadelle contre le feu et un bouclier par lequel le serviteur se protège de l'Enfer.

Dans un hadith, le Prophète ﷺ dit :

مَا مِنْ عَبْدٍ يَصُومُ يَوْمًا فِي سَبِيلِ اللهِ إِلاَّ بَاعَدَ اللهُ بِذَلِكَ الْيَوْمِ وَجْهَهُ عَنِ النَّارِ سَبْعِينَ خَرِيفًا.

« *Il n'y a aucun serviteur qui jeûne un jour dans le sentier d'Allah sans qu'Allah n'éloigne son visage de l'enfer de soixante-dix automnes*[2] »[3].

Il dit également ﷺ:

الصِّيَامُ جُنَّةٌ يَسْتَجِنُّ بِهَا الْعَبْدُ مِنَ النَّارِ.

« *Le jeûne est un bouclier par lequel le serviteur se protège de l'enfer* »[4].

Il dit aussi ﷺ:

---

1 Al-Bukhârî , t. 4, p. 106 ; Muslim, n° 1400, d'après Ibn Mas'ûd.

2 C'est-à-dire d'une distance de soixante-dix années. Cité dans *al-Fath*, t. 6, p. 48.

3 Al-Bukhârî, t. 6, p. 35; Muslim, n° 1103, d'après Abû Sa'îd al-Khudrî.

4 Ahmad, t. 3, p. 241, d'après Jâbir et 'Uthmân Ibn Abî al-'Âs, avec une chaîne authentique.

مَنْ صَامَ يَوْماً فِي سَبِيلِ اللهِ جَعَلَ اللهُ بَيْنَهُ وَبَيْنَ النَّارِ خَنْدَقاً كَمَا بَيْنَ السَّمَاءِ وَالأَرْضِ

« *Quiconque jeûne un jour dans le sentier d'Allah, Allah met entre lui et l'enfer une tranchée comme (la distance) entre le ciel et la terre* »[1].

Certains savants disent que les hadiths cités ci-dessus montrent le mérite du jeûne lors du *Jihâd*. Mais ce qui apparaît est que tout jeûne, s'il est voué exclusivement à Allah ﷻ et conforme à ce que le Messager ﷺ a mentionné (comme règles), est considéré comme étant dans le sentier d'Allah.

2. Le jeûne fait entrer au Paradis

Serviteur obéissant d'Allah ! Tu viens d'apprendre – qu'Allah te guide vers son obéissance et te soutienne de Son Esprit – que le jeûne éloigne le jeûneur de l'Enfer. Par conséquent, il le rapproche du délice du Paradis. Abû Umâma ﷺ a rapporté qu'il a dit :

« *Ô Messager d'Allah ! Indique-moi un acte par lequel j'entrerai au Paradis* ».

Il ﷺ dit :

عَلَيْكَ بِالصَّوْمِ فَإِنَّهُ لاَ مِثْلَ لَهُ

« *Pratique le jeûne, car il est sans pareil* »[2].

1 Al-Tirmidhî, n° 1624, d'après Abû Umâma. Dans sa chaîne de transmission il y a une lacune à cause d' al-Walîd Ibn Jamîl qui était un personnage crédible mais qui faisait des erreurs. Mais al-Tabarânî l'a rapporté par deux autres chaînes de transmission via al-Qâsim d'après Abû Umâma, ce qui rend le hadith authentique.

2 Al-Nasâ'î t. 4, p. 165; Ibn Hibbân, *al-Mawârid*, p. 232; al-Hâkim, *al-Mustadrak*, t.1, p.421. Chaîne authentique.

3. Les jeûneurs auront leur pleine récompense sans limites

4. Le jeûneur aura deux joies

5. L'haleine de la bouche du jeûneur est plus agréable auprès d'Allah que l'odeur du musc

Abû Hurayra ﷺ a rapporté que le Messager d'Allah ﷺ a dit : « Allah ﷻ a dit :

كُلُّ عَمَلِ ابْنِ آدَمَ لَهُ إِلاَّ الصِّيَامَ فَإِنَّهُ لِي وَأَنَا أَجْزِي بِهِ، وَالصِّيَامُ جُنَّةٌ. وَإِذَا كَانَ يَوْمُ صَوْمِ أَحَدِكُمْ فَلاَ يَرْفُثْ وَلاَ يَصْخَبْ، فَإِنْ سَابَّهُ أَحَدٌ أَوْ قَاتَلَهُ فَلْيَقُلْ إِنِّي امْرُؤٌ صَائِمٌ، وَالَّذِي نَفْسُ مُحَمَّدٍ بِيَدِهِ لَخُلُوفُ فَمِ الصَّائِمِ أَطْيَبُ عِنْدَ اللهِ مِنْ رِيحِ الْمِسْكِ! لِلصَّائِمِ فَرْحَتَانِ يَفْرَحُهُمَا: إِذَا أَفْطَرَ فَرِحَ وَإِذَا لَقِيَ رَبَّهُ فَرِحَ بِصَوْمِهِ.

« Tout acte du fils d'Âdam est pour lui sauf le jeûne[1]*, car il est pour Moi et c'est Moi qui le rétribuerai. Le jeûne est une protection. Quand l'un de vous jeûne, il ne doit pas tenir de propos obscènes ni crier. Et si quelqu'un l'insulte ou l'importune, qu'il dise : "Je jeûne "*[2]*. Par*

1 C'est-à-dire que chaque acte aura une récompense limitée à part celle du jeûne qui est, elle, illimitée.

2 Il doit le dire à voix audible pour prévenir celui qui insulte et l'agresseur. D'autres disent qu'il évoque cela en lui-même pour s'empêcher d'insulter autrui ou de se battre. Mais le premier avis est le plus vraisemblable. Car une parole est en général une prononciation par la bouche. Quant à la parole

celui qui détient l'âme de Muhammad dans Sa main, l'haleine du jeûneur est plus agréable auprès d'Allah que l'odeur du musc. Pour le jeûneur, il y aura deux joies : lorsqu'il rompt le jeûne, il se réjouit et quand il rencontrera Son Seigneur, il se réjouira de [la récompense de] son jeûne »[1].

D'après une version rapportée par al-Bukhârî, il ﷺ dit :

يَتْرُكُ طَعَامَهُ وَشَرَابَهُ وَشَهْوَتَهُ مِنْ أَجْلِي، الصِّيَامُ لِي وَأَنَا أَجْزِي بِهِ، وَالْحَسَنَةُ بِعَشْرِ أَمْثَالِهَا.

« Il (le jeûneur) abandonne sa nourriture, sa boisson et sa passion pour Moi. Le jeûne est pour Moi, et c'est Moi qui en donne la récompense. Et la bonne action en vaut dix (dans la récompense) ».

D'après une version chez Muslim, il ﷺ dit :

كُلُّ عَمَلِ ابْنِ آدَمَ يُضَاعَفُ : الْحَسَنَةُ بِعَشْرِ أَمْثَالِهَا إِلَى سَبْعِمِائَةِ ضِعْفٍ ؛ قَالَ اللهُ عَزَّ وَجَلَّ إِلاَّ الصَّوْمَ فَإِنَّهُ لِي وَأَنَا أَجْزِي بِهِ ، يَدَعُ شَهْوَتَهُ وَطَعَامَهُ مِنْ أَجْلِي وَلِلصَّائِمِ فَرْحَتَانِ : فَرْحَةٌ عِنْدَ فِطْرِهِ وَفَرْحَةٌ عِنْدَ لِقَاءِ رَبِّهِ. وَلَخُلُوفُ فَمِ الصَّائِمِ أَطْيَبُ عِنْدَ اللهِ مِنْ رِيحِ الْمِسْكِ.

intérieure, cela doit être précisé comme dans le hadith rapporté par Abû Hurayra ﷺ qui dit : « *Allah a pardonné à ma communauté ce qui leur vient à l'esprit tant qu'ils ne le prononcent pas ou ne le mettent pas en pratique* » (rapporté par al-Bukhârî et Muslim). Ceci indique que la parole dans l'absolu est une parole audible et prononcée. Et Allah ﷻ est plus Savant.

1 Al-Bukhârî, t. 4, p. 88; Muslim, n° 1151. Les termes sont ceux d'al-Bukhârî.

« Toute (bonne) action du fils d'Âdam sera multipliée : la bonne action en vaut dix (en récompense) et peut être multipliée jusqu'à sept cents fois. Allah Exalté soit-Il dit : « Sauf le jeûne car il est à Moi, et c'est Moi qui en accorde la récompense. Il (l'homme) abandonne son désir et sa nourriture pour Moi. Et pour le jeûneur, il y aura deux joies : l'une lors de sa rupture du jeûne et l'autre lorsqu'il rencontrera Son Seigneur. Et certes, l'haleine du jeûneur est plus agréable auprès d'Allah que l'odeur du musc ».

6. Le jeûne et le Coran intercéderont en faveur du Musulman

الصِّيَامُ وَالْقُرْآنُ يَشْفَعَانِ لِلْعَبْدِ يَوْمَ الْقِيَامَةِ؛ يَقُولُ الصِّيَامُ: أَيْ رَبِّ! مَنَعْتُهُ الطَّعَامَ وَالشَّهْوَةَ، فَشَفِّعْنِي فِيهِ! وَيَقُولُ الْقُرْآنُ : مَنَعْتُهُ النَّوْمَ بِاللَّيْلِ، فَشَفِّعْنِي فِيهِ! قَالَ : فَيُشَفَّعَانِ

« Le jeûne et le Coran intercèdent pour le serviteur le jour de la Résurrection. Le jeûne dira : "Ô Seigneur ! Je l'ai privé de la nourriture et du désir. Pour cela accorde-moi l'intercession en sa faveur". Et le Coran dira : "Je l'ai empêché de dormir la nuit. Accorde-moi l'intercession en sa faveur". Ainsi ils seront tous deux autorisés à intercéder. »[1]

1 Ahmad, *al-Musnad*, n° 6626; al-Hâkim, t. 1, p. 554. Le hadith est fiable. Ce hadith, ainsi que d'autres parlant de l'incarnation des œuvres, exige de notre part d'y croire fermement sans altération ni interprétation métaphorique, car telle est l'attitude des pieux prédécesseurs. Elle s'avère la plus sûre, la plus fondée et la plus sage. D'autant plus qu'elle fait partie des conditions requises de la foi. Car Allah Exalté soit-Il dit : ﴿[Ceux] qui croient à l'invisible

7. Le jeûne est une expiation

Parmi les mérites exclusifs du jeûne figure le fait qu'Allah ﷻ l'a désigné comme une des expiations lorsqu'on ne se rase pas la tête lors de l'*Ihrâm*[1] suite à une maladie ou à une infection de la tête. C'est également valable pour les cas suivants : l'incapacité de faire un sacrifice, l'homicide involontaire d'une personne à laquelle on est lié par un pacte de non-agression, le manque à ses serments, tuer un gibier durant l'*Ihrâm*, *al-Zihâr*[2]. Tout cela est élucidé par les versets suivants. Allah Exalté soit-Il dit :

وَأَتِمُّوا۟ ٱلْحَجَّ وَٱلْعُمْرَةَ لِلَّهِ ۚ فَإِنْ أُحْصِرْتُمْ فَمَا ٱسْتَيْسَرَ مِنَ
ٱلْهَدْىِ ۖ وَلَا تَحْلِقُوا۟ رُءُوسَكُمْ حَتَّىٰ يَبْلُغَ ٱلْهَدْىُ مَحِلَّهُۥ ۚ
فَمَن كَانَ مِنكُم مَّرِيضًا أَوْ بِهِۦٓ أَذًى مِّن رَّأْسِهِۦ فَفِدْيَةٌ
مِّن صِيَامٍ أَوْ صَدَقَةٍ أَوْ نُسُكٍ ۚ فَإِذَآ أَمِنتُمْ فَمَن تَمَتَّعَ
بِٱلْعُمْرَةِ إِلَى ٱلْحَجِّ فَمَا ٱسْتَيْسَرَ مِنَ ٱلْهَدْىِ ۚ فَمَن لَّمْ
يَجِدْ فَصِيَامُ ثَلَٰثَةِ أَيَّامٍ فِى ٱلْحَجِّ وَسَبْعَةٍ إِذَا رَجَعْتُمْ ۗ
تِلْكَ عَشَرَةٌ كَامِلَةٌ ۗ ذَٰلِكَ لِمَن لَّمْ يَكُنْ أَهْلُهُۥ حَاضِرِى
ٱلْمَسْجِدِ ٱلْحَرَامِ ۚ وَٱتَّقُوا۟ ٱللَّهَ وَٱعْلَمُوٓا۟ أَنَّ ٱللَّهَ شَدِيدُ
ٱلْعِقَابِ

---

et accomplissent la prière et dépensent (dans l'obéissance d'Allah), de ce que Nous leur avons attribué » (le Coran, *al-Baqara* : 3).

1 Etat de sacralisation qui est celui du pèlerin qui, pour clôturer le rite du pèlerinage, doit se raser la tête ou se raccourcir l'ensemble des cheveux. NDT

2 Une des formules de divorce à l'époque de l'ignorance qui consiste à dire à son épouse : « *Tu m'es interdite comme ma mère.* » NDT

﴾ Et accomplissez pour Allah le pèlerinage et la *'Umra* (visite pieuse). Si vous en êtes empêchés, alors faites un sacrifice qui vous soit facile. Et ne rasez pas vos têtes avant que l'offrande (l'animal à sacrifier) n'ait atteint son lieu d'immolation. Si l'un d'entre vous est malade ou souffre d'une affection de la tête (et doit se raser), qu'il se rachète par un jeûne ou par une aumône ou par un sacrifice. Quand vous retrouverez ensuite la paix, quiconque a joui d'une vie normale après avoir fait la 'Umra en attendant le pèlerinage, doit faire un sacrifice qui lui soit facile. S'il n'a pas les moyens, qu'il jeûne trois jours pendant le pèlerinage et sept jours une fois rentré chez lui, soit en tout dix jours. Cela est prescrit pour celui dont la famille n'habite pas auprès de la Mosquée sacrée (*al-Ka'ba*). Et craignez Allah. Et sachez qu'Allah est Dur en punition.﴿

(le Coran, *al-Baqara* : 196)

وَمَا كَانَ لِمُؤْمِنٍ أَن يَقْتُلَ مُؤْمِنًا إِلَّا خَطَـًٔا ۚ وَمَن قَتَلَ مُؤْمِنًا خَطَـًٔا فَتَحْرِيرُ رَقَبَةٍ مُّؤْمِنَةٍ وَدِيَةٌ مُّسَلَّمَةٌ إِلَىٰٓ أَهْلِهِۦٓ إِلَّآ أَن يَصَّدَّقُوا۟ ۚ فَإِن كَانَ مِن قَوْمٍ عَدُوٍّ لَّكُمْ وَهُوَ مُؤْمِنٌ فَتَحْرِيرُ رَقَبَةٍ مُّؤْمِنَةٍ ۖ وَإِن كَانَ مِن قَوْمٍۭ بَيْنَكُمْ وَبَيْنَهُم مِّيثَـٰقٌ فَدِيَةٌ مُّسَلَّمَةٌ إِلَىٰٓ أَهْلِهِۦ وَتَحْرِيرُ رَقَبَةٍ مُّؤْمِنَةٍ ۖ فَمَن لَّمْ يَجِدْ فَصِيَامُ شَهْرَيْنِ مُتَتَابِعَيْنِ تَوْبَةً مِّنَ ٱللَّهِ ۗ وَكَانَ ٱللَّهُ عَلِيمًا حَكِيمًا

﴾Il n'appartient pas à un croyant de tuer un autre croyant, si ce n'est par erreur. Quiconque tue par erreur un croyant, qu'il affranchisse alors un esclave croyant et remette à sa famille le prix du sang, à moins que celle-ci n'y renonce par charité. Mais si [le tué] appartenait à un peuple ennemi à vous et qu'il soit croyant, qu'on affranchisse alors un esclave croyant. S'il appartenait à un peuple auquel vous êtes liés par un pacte, qu'on verse alors à sa famille le prix du sang et qu'on affranchisse un esclave croyant. Celui qui n'en trouve pas les moyens, qu'il jeûne deux mois d'affilée pour être pardonné par Allah. Allah est Omniscient et Sage.»

(le Coran, *al-Nisâ'* : 92)

Et l'Oyant, l'Omniscient dit aussi :

لَا يُؤَاخِذُكُمُ ٱللَّهُ بِٱللَّغْوِ فِيٓ أَيْمَٰنِكُمْ وَلَٰكِن يُؤَاخِذُكُم
بِمَا عَقَّدتُّمُ ٱلْأَيْمَٰنَ ۖ فَكَفَّٰرَتُهُۥٓ إِطْعَامُ عَشَرَةِ مَسَٰكِينَ مِنْ
أَوْسَطِ مَا تُطْعِمُونَ أَهْلِيكُمْ أَوْ كِسْوَتُهُمْ أَوْ تَحْرِيرُ رَقَبَةٍ ۖ
فَمَن لَّمْ يَجِدْ فَصِيَامُ ثَلَٰثَةِ أَيَّامٍ ۚ ذَٰلِكَ كَفَّٰرَةُ أَيْمَٰنِكُمْ إِذَا
حَلَفْتُمْ ۚ وَٱحْفَظُوٓا۟ أَيْمَٰنَكُمْ ۚ كَذَٰلِكَ يُبَيِّنُ ٱللَّهُ لَكُمْ ءَايَٰتِهِۦ
لَعَلَّكُمْ تَشْكُرُونَ

«Allah ne vous sanctionne pas pour la frivolité dans vos serments, mais Il vous sanctionne pour les serments que vous avez l'intention d'exécuter. L'expiation en sera de nourrir dix pauvres, de ce dont vous nourrissez normalement vos familles, ou de les habiller, ou de libérer un esclave. Quiconque n'en trouve pas les moyens devra jeûner trois jours. Voilà l'expiation pour vos serments, lorsque vous avez juré. Et tenez à vos serments. Ainsi Allah vous explique ses versets, afin que vous soyez reconnaissants.﴿

(le Coran, *al-Mâ'ida* : 89)

Le Tout Puissant, le Sage dit également :

يَـٰٓأَيُّهَا ٱلَّذِينَ ءَامَنُواْ لَا تَقۡتُلُواْ ٱلصَّيۡدَ وَأَنتُمۡ حُرُمٞۚ وَمَن
قَتَلَهُۥ مِنكُم مُّتَعَمِّدٗا فَجَزَآءٞ مِّثۡلُ مَا قَتَلَ مِنَ ٱلنَّعَمِ يَحۡكُمُ
بِهِۦ ذَوَا عَدۡلٖ مِّنكُمۡ هَدۡيَۢا بَٰلِغَ ٱلۡكَعۡبَةِ أَوۡ كَفَّٰرَةٞ طَعَامُ
مَسَٰكِينَ أَوۡ عَدۡلُ ذَٰلِكَ صِيَامٗا لِّيَذُوقَ وَبَالَ أَمۡرِهِۦۗ عَفَا ٱللَّهُ
عَمَّا سَلَفَۚ وَمَنۡ عَادَ فَيَنتَقِمُ ٱللَّهُ مِنۡهُۚ وَٱللَّهُ عَزِيزٞ ذُو ٱنتِقَامٍ

﴾Ô les croyants ! Ne tuez pas de gibier pendant que vous êtes en état d'*Ihrâm*. Quiconque parmi vous en tue délibérément, qu'il compense alors, soit par quelque bête de troupeau, semblable à ce qu'il a tué, d'après le jugement de deux personnes intègres parmi vous, et cela en offrande qu'il fera parvenir à (destination des pauvres de) la *Ka'ba*, ou bien par une expiation, en nourrissant des pauvres, ou par l'équivalent en jeûne. Cela afin qu'il goûte à la mauvaise conséquence de son acte. Allah a pardonné ce qui est passé; mais quiconque récidive, Allah le punira. Allah est Puissant et Détenteur du pouvoir de punir.﴿

(le Coran, *al-Mâ'ida* : 95)

Dans un autre verset, le Doux et Parfaitement Connaisseur dit :

وَٱلَّذِينَ يُظَٰهِرُونَ مِن نِّسَآئِهِمۡ ثُمَّ يَعُودُونَ لِمَا قَالُواْ فَتَحۡرِيرُ
رَقَبَةٖ مِّن قَبۡلِ أَن يَتَمَآسَّاۚ ذَٰلِكُمۡ تُوعَظُونَ بِهِۦۚ وَٱللَّهُ بِمَا

تَعْمَلُونَ خَبِيرٌ ﴿٣﴾ فَمَن لَّمْ يَجِدْ فَصِيَامُ شَهْرَيْنِ مُتَتَابِعَيْنِ
مِن قَبْلِ أَن يَتَمَآسَّا فَمَن لَّمْ يَسْتَطِعْ فَإِطْعَامُ سِتِّينَ مِسْكِينًا
ذَٰلِكَ لِتُؤْمِنُوا بِٱللَّهِ وَرَسُولِهِۦ وَتِلْكَ حُدُودُ ٱللَّهِ وَلِلْكَـٰفِرِينَ
عَذَابٌ أَلِيمٌ

﴿ Ceux qui comparent leurs femmes au dos de leurs mères, puis reviennent sur ce qu'ils ont dit, doivent affranchir un esclave avant d'avoir aucun contact (conjugal) avec leur femme. C'est ce à quoi l'on vous exhorte. Et Allah est parfaitement Connaisseur de ce que vous faites. Mais celui qui n'en trouve pas les moyens doit jeûner alors deux mois consécutifs avant d'avoir aucun contact (conjugal) avec sa femme. Mais s'il ne peut le faire non plus, alors qu'il nourrisse soixante pauvres. Cela, pour que vous croyiez en Allah et en Son Messager. Voilà les limites imposées par Allah. Et les mécréants auront un châtiment douloureux.﴾

(le Coran, *al-Mujâdala* : 3-4)

Egalement, le jeûne s'associe à l'aumône pour expier les épreuves (*Fitan*) subies par l'homme dans sa famille, sa fortune et son voisin.

Hudhayfa Ibn al-Yamân ﷺ a rapporté que le Messager d'Allah ﷺ a dit :

فِتْنَةُ الرَّجُلِ فِي أَهْلِهِ وَمَالِهِ وَوَلَدِهِ وَجَارِهِ تُكَفِّرُهَا
الصَّلاَةُ وَالصَّوْمُ وَالصَّدَقَةُ

« Les épreuves subies par l'homme dans sa famille, sa fortune et son voisin peuvent être expiées par la prière, le jeûne et l'aumône »[1].

8. Al-Rayyân pour les jeûneurs

D'après Sahl Ibn Sa'd ﷺ, le Prophète ﷺ a dit :

إِنَّ فِي الْجَنَّةِ بَابًا يُقَالُ لَهُ : الرَّيَّانُ، يَدْخُلُ مِنْهُ الصَّائِمُونَ يَوْمَ الْقِيَامَةِ، لاَ يَدْخُلُ مِنْهُ أَحَدٌ غَيْرُهُمْ. فَإِذَا دَخَلُوا أُغْلِقَ، فَلَمْ يَدْخُلْ مِنْهُ أَحَدٌ. [فَإِذَا دَخَلَ آخِرُهُمْ أُغْلِقَ. مَنْ دَخَلَ فِيهِ شَرِبَ، وَمَنْ شَرِبَ لَمْ يَظْمَأْ أَبَدًا]

« Il y a au Paradis une porte appelée al-Rayyân par laquelle entreront les jeûneurs le jour de la Résurrection. Personne d'autre qu'eux n'y entrera.Une fois qu'ils y seront entrés, elle sera fermée. Et nul n'y entrera plus. [Lorsque le dernier d'entre eux y sera entré, elle sera fermée. Et quiconque y entre, boira. Et celui qui boira n'aura plus jamais soif.]»[2]

1 Al-Bukhârî, t. 2, p. 7; Muslim, n° 144.

2 Al-Bukhârî, t.4, p.95; Muslim, n° 1152; ce qui est entre crochets est une addition rapportée par Ibn Khuzayma dans son Sahîh, n° 1903.

Le mérite du mois de Ramadan

Ramadan est un mois de bien et de bénédictions qu'Allah ﷻ a gratifié de nombreux mérites qui sont les suivants:

1. Le mois du Coran

Allah ﷻ, Tout Puissant et Majestueux, a révélé Son glorieux Livre pour qu'il soit un guide pour les gens et une guérison pour les croyants. Ce livre dirige vers la plus juste des voies et éclaire le droit chemin. Cette révélation a eu lieu la nuit du Destin durant le mois béni du Ramadan. Le Maître du Trône, le Tout-Glorieux dit :

شَهْرُ رَمَضَانَ ٱلَّذِىٓ أُنزِلَ فِيهِ ٱلْقُرْءَانُ هُدًى لِّلنَّاسِ
وَبَيِّنَـٰتٍ مِّنَ ٱلْهُدَىٰ وَٱلْفُرْقَانِ ۚ فَمَن شَهِدَ مِنكُمُ ٱلشَّهْرَ
فَلْيَصُمْهُ

﴿ (C'est) le mois de Ramadan au cours duquel le Coran a été descendu comme guide pour les gens, et preuves claires de la bonne direction et du discernement. Donc, quiconque d'entre vous est présent en ce mois qu'il le jeûne ! ﴾

(le Coran, *al-Baqara* : 185)

Sache, cher frère - qu'Allah te bénisse - que le fait de décrire le mois de Ramadan comme étant la période au cours de laquelle le Coran fut révélé et de commencer la phrase qui suit cela par la lettre *fâ'*[1], indique la cause, ﴿ Donc, quiconque d'entre vous est présent en ce mois qu'il jeûne! ﴾. Cela fait allusion à la raison du choix de Ramadan comme un mois de jeûne. Il s'agit de la révélation du Coran durant ce mois.

2. Le ligotage des démons, la fermeture des portes de l'Enfer et l'ouverture de celles du Paradis

Durant ce mois béni, le mal diminue sur terre. Car les djinns rebelles sont attachés de chaînes et de carcans. Ainsi, ils sont incapables de corrompre les gens comme c'est le cas durant les autres mois. Car les musulmans sont à ce moment-là préoccupés par la pratique du jeûne qui réprime les passions et par la lecture du Coran et les autres actes d'adoration qui éduquent et purifient les âmes. Le Seigneur de la puissance dit :

يَـٰٓأَيُّهَا ٱلَّذِينَ ءَامَنُوا۟ كُتِبَ عَلَيْكُمُ ٱلصِّيَامُ كَمَا كُتِبَ عَلَى ٱلَّذِينَ مِن قَبْلِكُمْ لَعَلَّكُمْ تَتَّقُونَ

﴿Ô les croyants ! On vous a prescrit le jeûne comme on l'a prescrit à ceux d'avant vous, ainsi atteindrez-vous la piété.﴾

(le Coran, *al-Baqara* : 183)

C'est pourquoi les portes de l'enfer sont fermées et celles du Paradis s'ouvrent, vu l'abondance des bonnes actions et des bonnes paroles. Le Messager d'Allah ﷺ a dit :

---

1 Lettre de l'alphabet arabe signifiant « *donc* ». NDT

إِذَا جَاءَ رَمَضَانُ فُتِحَتْ أَبْوَابُ الْجَنَّةِ ، وَغُلِّقَتْ أَبْوَابُ النِّيرَانِ، وَصُفِّدَتِ الشَّيَاطِينُ.

« A l'arrivée du Ramadan, les portes du Paradis[1] *s'ouvrent, celles des Feux se ferment et les démons sont enchaînés »*[2].

Tout cela a lieu à partir de la première nuit de ce mois béni selon la parole du Prophète ﷺ qui dit :

« A l'arrivée de la première nuit de Ramadan, les démons et djinns rebelles sont enchaînés, les portes du feu se ferment sans qu'aucune d'entre elles ne s'ouvre et les portes du Paradis sont ouvertes sans qu'aucune d'entre elles ne soit fermée. Puis un héraut dit : « Ô le chercheur du bien ! Avance. Ô chercheur du mal ! Recule ». Et Allah a des affranchis de l'Enfer. Et cela, chaque nuit [de Ramadan] »[3].

3. La nuit du Destin

Serviteur croyant, tu sais qu'Allah Exalté soit-Il a choisi le mois de Ramadan parce que le Saint Coran y fut révélé. Par conséquent, cela peut être utilisé dans l'analogie de différentes façons dont :

1. Le jour le plus noble auprès d'Allah ﷻ se trouve dans le mois durant lequel le Coran fut descendu. Cela implique qu'il doit être favorisé par de bonnes œuvres supplémentaires. Cela est appuyé par l'incitation à rechercher la nuit du Destin pour qu'elle soit consacrée à accomplir plus de bonnes œuvres, ceci

---

1 D'après une version de Muslim : « *Les portes de la miséricorde s'ouvrent.* »

2 Al-Bukhârî, t. 4, p.97; Muslim, n° 1079.

3 Hadith fiable rapporté par al-Tirmidhî, n° 383; Ibn Mâjah, n° 1642 et Ibn Khuzayma, t. 3, p. 188.

est expliqué avec plus de détails au chapitre consacré à la nuit du Destin.

2. La venue d'un bienfait pour le Musulman exige de sa part d'accomplir plus de bonnes actions par gratitude envers Allah ﷻ. Cela est appuyé par la parole du Créateur après avoir accordé le bienfait du jeûne.

وَلِتُكْمِلُوا۟ ٱلْعِدَّةَ وَلِتُكَبِّرُوا۟ ٱللَّهَ عَلَىٰ مَا هَدَىٰكُمْ وَلَعَلَّكُمْ تَشْكُرُونَ

﴾Afin que vous en complétiez le nombre et que vous proclamiez la grandeur d'Allah pour vous avoir guidés, et afin que vous soyez reconnaissants.﴿

(le Coran, *al-Baqara* : 185)

Cela est également soutenu par la parole d'Allah, Béni et Exalté soit-Il, après avoir accordé le bienfait du pèlerinage :

فَإِذَا قَضَيْتُم مَّنَٰسِكَكُمْ فَٱذْكُرُوا۟ ٱللَّهَ كَذِكْرِكُمْ ءَابَآءَكُمْ أَوْ أَشَدَّ ذِكْرًا

﴾Et quand vous aurez achevé vos rites, alors invoquez Allah comme vous évoquez vos pères, et plus ardemment encore.﴿

(le Coran, *al-Baqara* : 200)

L'obligation du jeûne du mois de Ramadan

1. Et si quelqu'un fait de son propre gré, c'est préférable pour lui

Suite aux mérites du jeûne, Allah ﷻ a prescrit aux musulmans de jeûner le mois de Ramadan.

Vu la difficulté de sevrer les âmes de leurs désirs et de leurs habitudes, la prescription du jeûne n'eut lieu qu'à la deuxième année de l'Hégire. Lorsque les cœurs se furent familiarisés à l'unicité Divine et à la vénération des prescriptions d'Allah, le jeûne leur fut graduellement instauré. Au départ, c'était un culte laissé au choix tout en étant conseillé, car il fut difficile à pratiquer pour les [premiers] compagnons ﷺ [du Prophète ﷺ]. Ainsi, celui qui ne voulait pas jeûner tout en payant une compensation avait le choix de le faire. Le Compatissant, le Miséricordieux dit :

فَمَن كَانَ مِنكُم مَّرِيضًا أَوْ عَلَىٰ سَفَرٍ فَعِدَّةٌ مِّنْ أَيَّامٍ
أُخَرَ ۚ وَعَلَى ٱلَّذِينَ يُطِيقُونَهُۥ فِدْيَةٌ طَعَامُ مِسْكِينٍ ۖ فَمَن
تَطَوَّعَ خَيْرًا فَهُوَ خَيْرٌ لَّهُۥ ۚ وَأَن تَصُومُوا۟ خَيْرٌ لَّكُمْ ۖ إِن
كُنتُمْ تَعْلَمُونَ

﴿ Quiconque d'entre vous est malade ou en voyage devra jeûner un nombre égal d'autres jours. Mais pour ceux qui ne pourraient le supporter qu'avec grande difficulté, il y a une compensation : nourrir un pauvre. Et si quelqu'un fait plus de son propre gré, c'est préférable pour lui ; mais il est mieux pour vous de jeûner, si vous saviez.﴾

(le Coran, *al-Baqara* : 184)

2. Quiconque d'entre vous est présent en ce mois qu'il jeûne

Puis le verset suivant vint l'abroger comme en ont informé les deux nobles Compagnons : ʿAbd Allah Ibn ʿUmar et Salama Ibn al-Akwaʿ (qu'Allah les agrée).

En effet, ils ont dit : « (Ce verset) fut abrogé par le suivant [1] :

شَهْرُ رَمَضَانَ ٱلَّذِىٓ أُنزِلَ فِيهِ ٱلْقُرْءَانُ هُدًى لِّلنَّاسِ وَبَيِّنَٰتٍ مِّنَ ٱلْهُدَىٰ وَٱلْفُرْقَانِ ۚ فَمَن شَهِدَ مِنكُمُ ٱلشَّهْرَ فَلْيَصُمْهُ ۖ وَمَن كَانَ مَرِيضًا أَوْ عَلَىٰ سَفَرٍ فَعِدَّةٌ مِّنْ أَيَّامٍ أُخَرَ ۗ يُرِيدُ ٱللَّهُ بِكُمُ ٱلْيُسْرَ وَلَا يُرِيدُ بِكُمُ ٱلْعُسْرَ وَلِتُكْمِلُوا۟ ٱلْعِدَّةَ وَلِتُكَبِّرُوا۟ ٱللَّهَ عَلَىٰ مَا هَدَىٰكُمْ وَلَعَلَّكُمْ تَشْكُرُونَ

﴿ (C'est) le mois du Ramadan au cours duquel le Coran a été descendu comme guide pour les gens, et preuves claires de la bonne direction et du discernement. Donc quiconque d'entre vous est

1 Voir al-Bukhârî, t. 8, p. 188, t. 9, p. 181; Muslim, n° 1145.

présent en ce mois, qu'il le jeûne ! Et quiconque est malade ou en voyage, alors qu'il jeûne un nombre égal d'autres jours. Allah veut pour vous la facilité, Il ne veut pas la difficulté pour vous, afin que vous en complétiez le nombre et que vous proclamiez la grandeur d'Allah pour vous avoir guidés, et afin que vous soyez reconnaissants.﴾

(le Coran, *al-Baqara* : 185)

Ibn Abî Laylâ a dit : « *Les compagnons de Muhammad ﷺ nous ont transmis : "Le [jeûne du mois de] Ramadan fut prescrit mais il nous fut pénible. Celui qui, pour chaque jour, nourrissait un pauvre, délaissait le jeûne, surtout s'il le supportait difficilement, et cela leur était permis. Puis cela fut abrogé par [le verset qui dit]: ﴿...mais il est mieux pour vous de jeûner si vous saviez﴾. Il leur fut alors ordonné de jeûner."*»[1]

A partir de cet instant, le jeûne du mois de Ramadan devint un pilier de l'Islam et l'un de ses fondements solides, conformément à la parole du Prophète ﷺ, miséricorde offerte (de la part d'Allah) qui dit :

بُنِيَ الإِسْلاَمُ عَلَى خَمْسٍ: شَهَادَةِ أَنْ لاَ إِلَهَ إِلاَّ اللهُ وَأَنَّ مُحَمَّدًا رَسُولُ اللهِ، وَإِقَامِ الصَّلاَةِ، وَإِيتَاءِ الزَّكَاةِ، وَحَجِّ الْبَيْتِ، وَصَوْمِ رَمَضَانَ.

« *L'Islam est basé sur cinq [piliers]: l'attestation qu'il n'y a nulle divinité à part Allah et que Muhammad est le Messager d'Allah, l'accomplissement de la prière, l'acquittement de l'impôt légal, le pèlerinage et le jeûne de Ramadan* »[2].

1 Al-Bukhârî, t. 8, p. 181 (*al-Fath*). Al-Bayhaqî, *al-Sunan*, t. 4, p. 200. Le hadith est authentique.

2 Al-Bukhârî, t. 1, p. 47; Muslim, n° 16, d'après Ibn 'Umar.

L'incitation au jeûne du mois de Ramadan

1. Le pardon des péchés

Le Sage Législateur [Allah] a incité au jeûne de Ramadan en indiquant son mérite et sa grandeur. Car même si le jeûneur a des péchés aussi nombreux que l'écume de la mer, ils lui seront pardonnés grâce à un tel acte d'adoration béni. Abû Hurayra ﷺ a rapporté que le Prophète ﷺ a dit :

مَنْ صَامَ رَمَضَانَ إِيمَانًا وَاحْتِسَابًا غُفِرَ لَهُ مَا تَقَدَّمَ مِنْ ذَنْبِهِ.

« *Quiconque jeûne le mois de Ramadan avec foi et en comptant sur la récompense divine, ses péchés passés lui seront pardonnés* »[1].

D'après le même rapporteur, le Messager ﷺ a dit :

الصَّلَوَاتُ الْخَمْسُ وَالْجُمُعَةُ إِلَى الْجُمُعَةِ، وَرَمَضَانُ إِلَى رَمَضَانَ، مُكَفِّرَاتٌ مَا بَيْنَهُنَّ إِذَا اجْتُنِبَتِ الْكَبَائِرُ.

« *Les cinq prières rituelles, [la prière du] vendredi jusqu'au vendredi suivant, le [jeûne du mois de] Ramadan jusqu'au Ramadan suivant, tous ont un effet absolutoire sur ce qu'il y a entre eux si on évite les péchés majeurs* »[2].

---

1 Al-Bukhârî, t. 4, p. 99; Muslim, n° 759.

2 Muslim, n° 233.

Selon lui également, le Prophète ﷺ monta sur la chaire et dit :

آمينُ، آمينُ، آمينُ ! قِيلَ : يَا رَسُولَ اللهِ : إِنَّكَ صَعَدْتَ الْمِنْبَرَ فَقُلْتَ آمينُ، آمينُ، آمينُ ؟ فَقَالَ ﷺ: إِنَّ جِبْرِيلَ أَتَانِي فَقَالَ : مَنْ أَدْرَكَ شَهْرَ رَمَضَانَ فَلَمْ يُغْفَرْ لَهُ فَدَخَلَ النَّارَ فَأَبْعَدَهُ اللهُ. قُلْ: آمينُ. فَقُلْتُ : آمينُ...

« Âmîn, âmîn, âmîn. »

Puis il fut questionné :

« Ô Messager d'Allah ! Tu es monté sur la chaire et tu as dit : "Âmîn, âmîn, âmîn" ? »

Il ﷺ répondit :

« Jibrîl est venu à moi et a dit: "Quiconque atteint le mois de Ramadan sans qu'il soit pardonné entrera en enfer et sera éloigné d'Allah. Dis: "Âmîn". Et j'ai dit: "Âmîn."[1] »[2]

2. L'exaucement de l'invocation et l'affranchissement de l'enfer

Le Prophète ﷺ dit :

إِنَّ لِلهِ فِي كُلِّ يَوْمٍ وَلَيْلَةٍ عُتَقَاءَ مِنَ النَّارِ، فِي شَهْرِ رَمَضَانَ، وَإِنَّ لِكُلِّ مُسْلِمٍ دَعْوَةً يَدْعُو بِهَا، فَيُسْتَجَابُ لَهُ.

---

1 Si la personne délaisse ce qui entraîne le pardon d'Allah ﷻ comme actions durant le mois de Ramadan, elle ne mérite pas cette miséricorde. NDT

2 Ibn Khuzayma, *al-Sahîh*, t. 3, p.192; Ahmad, *al-Musnad*, t. 2, p. 246, 254; al-Bayhaqî, *al Sunan*, t. 4; p. 204 d'après Abû Hurayra. Le hadith est authentique.

« *Chaque jour et nuit du mois de Ramadan, Allah a des affranchis de l'Enfer. Et pour chaque musulman, il y a une invocation qu'il formule et qui lui est exaucée.*[1] »[2]

3. Parmi les véridiques et les martyrs

D'après 'Amr Ibn Murra al-Juhanî ﷺ :

جَاءَ رَجُلٌ إِلَى النَّبِيِّ ﷺ فَقَالَ : يَا رَسُولَ اللهِ، أَرَأَيْتَ إِنْ شَهِدْتُ أَنْ لاَ إِلَهَ إِلاَّ اللهُ وَأَنَّكَ رَسُولُ اللهِ وَصَلَّيْتُ الْخَمْسَ وَأَدَّيْتُ الزَّكَاةَ وَصُمْتُ رَمَضَانَ وَقُمْتُهُ، فَمِمَّنْ أَنَا ؟ قَالَ : مِنَ الصِّدِّيقِينَ وَالشُّهَدَاءِ

« *Un homme vint auprès du Prophète ﷺ et dit : « Ô Messager d'Allah ! Vois-tu si je témoigne qu'il n'y a nulle divinité à part Allah et que tu es le Messager d'Allah, j'accomplis les cinq [prières], acquitte la Zakât et jeûne le mois de Ramadan en célébrant ses nuits [par les prières], dès lors de quel groupe ferais-je partie ?* »

Il ﷺ lui répondit :

« *Des véridiques et des martyrs !* »[3].

1 Cette invocation exaucée est celle qu'on formule lors de la rupture du jeûne comme cela sera clarifié plus loin.

2 Hadith authentique rapporté par al-Bazzâr, n° 3142; Ahmad, *al-Musnad*, t. 2, p. 254 d'après Jâbir Ibn 'Abd Allah.

3 Ibn Hibbân, *al-Zawâ'id*, n° 19. Hadith dont la chaîne de transmission est authentique.

La mise en garde du fait de manger ou boire une journée sans excuse valable

Abû Umâma al-Bâhilî ﷺ a rapporté qu'il a entendu le Messager d'Allah ﷺ dire :

بَيْنَمَا أَنَا نَائِمٌ أَتَانِي رَجُلاَنِ فَأَخَذَا بِضَبْعِي فَأَتَيَا بِي جَبَلاً وَعْراً فَقَالاَ : اصْعَدْ ! فَقُلْتُ : إِنِّي لاَ أُطِيقُهُ. فَقَالاَ: سَنُسَهِّلُهُ لَكَ. فَصَعِدْتُ، حَتَّى إِذَا كُنْتُ فِي سَوَادِ الْجَبَلِ إِذَا بِأَصْوَاتٍ شَدِيدَةٍ. قُلْتُ : مَا هَذِهِ الأَصْوَاتُ؟ قَالُوا : هَذَا عَوَاءُ أَهْلِ النَّارِ ثُمَّ انْطَلَقَ بِي، فَإِذَا أَنَا بِقَوْمٍ مُعَلَّقِينَ بِعَرَاقِيبِهِمْ، مُشَقَّقَةٍ أَشْدَاقهم - تَسِيلُ أَشْدَاقُهُم دماً - قَالَ : قُلْتُ : مَنْ هَؤُلاَءِ ؟ قَالَ : الَّذِينَ يُفْطِرُونَ قَبْلَ تَحِلَّةِ صَوْمِهِمْ...

« Pendant que je dormais, deux hommes sont venus à moi et m'ont entraîné par le bras jusqu'à une montagne dont l'accès est difficile. Puis ils m'ont demandé de monter. J'ai dit : « Je n'y arriverai pas ». Ils ont dit : « Nous allons te le faciliter». Puis je suis monté. Lorsque je fus au sommet de la montagne, j'entendis des hurlements et dis : « Quel est ce bruit ? ». Ils répondi-

rent : « C'est l'hurlement des gens de l'enfer ». Puis, ils me prirent et je vis des gens accrochés par leur chevilles, dont les joues étaient fissurées et le sang coulait de leurs joues. J'ai demandé: « Qui sont-ils ?». (L'un d'eux) me répondit : « Ce sont ceux qui mangeaient et buvaient avant l'heure de rupture de leur jeûne »[1].

Quant au hadith attribué au Prophète ﷺ qui dit : « Quiconque rompt [le jeûne] un jour du Ramadan intentionnellement, ne le compensera pas le jeûne d'une éternité même s'il l'accomplissait », il s'agit d'un hadith faible qui n'est pas authentique et que l'on abordera en détail plus loin.

1 Rapporté par al-Nasâ'î dans *al-Sunan al-Kubrâ*, voir *Tuhfat al-Ashrâf*, t. 4, p. 166. Sa chaîne de transmission est authentique.

Les règles du jeûne

Ô Musulman, serviteur d'Allah – qu'Allah nous accorde ainsi qu'à toi la science bénéfique – sache que cette énorme récompense que seul le Pardonneur, le Miséricordieux peut recenser, ne peut être acquise que par celui qui jeûne le mois de Ramadan en suivant ce que le dernier des Prophètes ﷺ a décrété et expliqué comme règles concernant cette obligation de l'Islam et ce mois béni.

Nous allons sans imitation aveugle aborder l'explication de ces règles nous basant sur le Coran et les hadiths authentiques et fiables, selon la compréhension des pieux prédécesseurs tels que les quatre imams et avant eux les compagnons et les suivants (*al-Tâbi'ûn*), et cela suffit comme preuve.

Ainsi, nous avons choisi leurs meilleurs avis de jurisprudence et les plus justes des interprétations juridiques.

Avant Ramadan

1. L'énumération des jours du mois de *Sha'bân*

Il incombe à la communauté musulmane de compter les jours du mois de *Sha'bân* afin de se préparer pour celui du Ramadan, car le mois [du calendrier lunaire] est soit de vingt-neuf, soit de trente jours.

Par conséquent, la communauté doit entamer le jeûne lorsqu'elle voit le croissant lunaire [indiquant le début du nouveau mois].

Mais dans le cas où cela s'avère impossible à cause des nuages, elle doit considérer le mois de *Sha'bân* comme étant de trente jours. Car le Créateur des cieux et de la terre a fait des nouvelles lunes un indice du temps afin que les gens sachent calculer les années et les dates, en sachant que le mois du calendrier lunaire ne peut dépasser trente jours.

Abû Hurayra ﵁ a rapporté que le Messager ﷺ a dit :

صُومُوا لِرُؤْيَتِهِ، وَأَفْطِرُوا لِرُؤْيَتِهِ فَإِنْ غُمَّ عَلَيْكُمْ، فَأَكْمِلُوا شَعْبَانَ ثَلاَثِينَ.

« Jeûnez et rompez votre jeûne à la vue du croissant. S'il est voilé [par les nuages], complétez Sha'bân en trente jours »[1].

---

1 Al-Bukhârî, t. 4, p. 106; Muslim, n° 1081.

'Abd Allah Ibn 'Umar ﷺ a rapporté que le Messager d'Allah ﷺ a dit :

لاَ تَصُومُوا حَتَّى تَرَوْا الْهِلاَلَ، وَلاَ تُفْطِرُوا حَتَّى تَرَوْهُ، فَإِنْ غُمَّ عَلَيْكُمْ فَاقْدُرُوا لَهُ

« Jeûnez et rompez le jeûne à sa vue [le croissant]. Mais s'il est voilé [par les nuages], estimez-le »[1].

'Adî Ibn Hâtim ﷺ a rapporté que le Prophète ﷺ a dit :

إِذَا جَاءَ رَمَضَانُ فَصُومُوا ثَلاَثِينَ إِلاَّ أَنْ تَرَوا الْهِلاَلَ قَبْلَ ذَلِكَ

« Lorsque le Ramadan arrive, jeûnez trente jours sauf si vous voyez le croissant [du mois de Shawwâl] avant cela »[2].

2. Quiconque jeûne le jour du doute désobéit au Prophète Abû al-Qâsim ﷺ

Pour cela, le Musulman ne doit pas devancer le mois de jeûne en jeûnant un jour ou deux avant par précaution, sauf si cela coïncide avec un jour où il a l'habitude de jeûner[3]. D'après Abû Hurayra ﷺ le Prophète ﷺ a dit :

---

1 Al-Bukhârî, t. 4, p. 102; Muslim, n° 1080.

2 Al-Tahâwî, *Mushkil al-Âthâr*, n° 501 ; Ahmad, *al-Musnad*, t. 4, p.377; al-Tabarânî, *Mu'jam al-Kabîr*, t. 7, p. 171. Dans sa chaîne de transmission, il y a Mujâlid Ibn Sa'îd qui est un rapporteur classé faible comme l'a indiqué al-Haythamî dans *Majma' al-Zawâ'id*, t. 3, p. 146, mais le hadith a d'autres versions *(Shawâhid)* qui le fortifient. (voir *al-Irwa'* de cheikh al-Albânî, n° 901).

3 Comme le lundi et le jeudi pour quelqu'un qui les jeûne régulièrement. NDT

لاَ تَقَدَّمُوا رَمَضَانَ بِصَوْمِ يَوْمٍ وَلاَ يَوْمَيْنِ إِلاَّ رَجُلٌ كَانَ يَصُومُ صَوْمًا فَلْيَصُمْهُ

« Ne devancez pas [le mois de] Ramadan en jeûnant un jour ou deux, sauf un homme qui jeûne [par habitude], alors qu'il le fasse »[1].

Sache, frère en Islam que celui qui jeûne le jour de doute désobéit au Messager d'Allah ﷺ. Sila Ibn Zufar a rapporté selon 'Ammâr :

مَنْ صَامَ الْيَوْمَ الَّذِي يُشَكُّ فِيهِ فَقَدْ عَصَى أَبَا الْقَاسِمِ ﷺ.

« Quiconque jeûne le jour de doute désobéit en effet à Abû al-Qâsim ﷺ »[2].

3. Si quelqu'un voit [le croissant] alors jeûnez et rompez le jeûne

La vue du croissant se confirme lorsque deux témoins musulmans crédibles l'aperçoivent, conformément à la parole du Prophète ﷺ disant :

صُومُوا لِرُؤْيَتِهِ، وَأَفْطِرُوا لِرُؤْيَتِهِ، وَانْسُكُوا لَهَا، فَإِنْ غُمَّ عَلَيْكُمْ فَأَكْمِلُوا ثَلاَثِينَ، فَإِنْ شَهِدَ شَاهِدَانِ فَصُومُوا وَأَفْطِرُوا.

« Jeûnez à sa vue et rompez [le jeûne] à sa vue et accomplissez également vos rites d'après elle. Mais s'il [le croissant] est voilé [par les nuages], complétez [le

1 Muslim, n° 573.

2 Abû Dawûd, n° 3334; al-Nasâ'î, n° 2188 ; al-Tirmidhî, n° 686 ; Ibn Mâjah, n° 3334, d'après 'Ammar Ibn Yâsir.

mois] avec trente jours. Et si deux témoins le voient, alors jeûnez et rompez [le jeûne] »[1].

Il est évident que l'acceptation du témoignage de deux personnes ne signifie pas le rejet de celui rapporté par un seul témoin. Il est donc permis d'admettre le témoignage d'un seul témoin de la vue du croissant[2]. De ce fait Ibn 'Umar ﷺ a dit : « *Les gens se sont mis à repérer le croissant. Puis j'ai informé le Prophète ﷺ que je l'ai vu. Il a, suite à cela, jeûné et ordonné aux gens de jeûner* » [3].

1 Al-Nasâ'î, t. 4, p. 132 ; Ahmad, *al-Musnad,* t. 4, p. 321, avec une chaîne de transmission fiable (*hasan*).

2 Cela bien sûr s'il s'agit d'un homme dont la rectitude est reconnue. NDT

3 Abû Dâwud, n° 2342; al-Dârimî, *al-Sunan*, t. 2, p.4, d'après Ibn 'Umar. Sa chaîne de transmission est authentique.

L'intention

1. L'obligation d'avoir l'intention de jeûner la veille du jeûne (obligatoire), et ce avant l'apparition de l'aube

Si le début du mois de Ramadan est confirmé, suite à la vision directe [du croissant] ou à un témoignage ou après l'écoulement de trente jours du mois qui le précède, il incombe au musulman pubère d'avoir l'intention de jeûner conformément à la parole du Prophète ﷺ qui dit :

مَنْ لَمْ يُجْمِعْ الصِّيَامَ قَبْلَ الْفَجْرِ فَلاَ صِيَامَ لَهُ.

« *Celui qui ne précise pas son intention de jeûner avant l'aube n'a pas de jeûne* »[1].

Dans un autre hadith le Prophète ﷺ dit :

مَنْ لَمْ يُبَيِّتْ الصِّيَامَ قَبْلَ الْفَجْرِ فَلاَ صِيَامَ لَهُ.

« *Quiconque ne précise pas l'intention de jeûner la veille [du jour où il va jeûner] n'a pas de jeûne* »[2].

---

1 Abû Dâwud, n° 2454; al-Nasâ'î, *al-Sunan*, t.4, p.196, d'après Hafsa رضي الله عنها. Sa chaîne de transmission est authentique.

2 Al-Nasâ'î, t. 4, p.196; al-Bayhaqî, *al-Sunan*, t. 4, p.202. Hadith authentique de par l'appui du hadith précédent.

Il reste à savoir que l'intention se situe dans le cœur, et sa prononciation est une innovation et un égarement même si les gens voient qu'il n'y a pas de mal en cela.

La précision de l'intention la veille est spécifique au jeûne obligatoire, car en dehors du Ramadan, le Messager ﷺ venait chez 'Âisha ﵂ et lui disait :

هَلْ عِنْدَكُمْ غَدَاءٌ؟ وإلاَّ فَإنِّي صَائِمٌ.

« *Avez-vous de quoi manger? Sinon je jeûne* »[1].

Cela a également été confirmé par l'attitude des compagnons tels qu'Abû al-Dardâ', Abû Talha, Abû Hurayra, Ibn 'Abbâs et Hudhayfa Ibn al-Yamân qu'Allah les agrée tous et nous ressuscite avec eux, sous l'étendard du Prophète ﷺ.[2]

Cela concerne le jeûne surérogatoire, ce qui indique l'obligation d'avoir l'intention la veille du jeûne obligatoire seulement. Et Allah ﷻ est le Meilleur Connaisseur.

2. L'obligation est liée à la capacité

Celui qui se lève sans savoir si le mois de Ramadan est entré ou non puis boit et mange, doit s'abstenir [de manger et boire] directement lorsqu'il l'apprend. Quant à celui qui n'a pas encore consommé de nourriture, il ne peut bien sûr plus manger. Il ne lui est pas obligatoire de préciser la veille son intention de jeûner, car il n'en était pas capable.

Ceci est établi dans les fondements de la législation qui dit que l'obligation est liée à la capacité. D'après 'Âisha ﵂ :

كَانَ رَسُولُ اللهِ ﷺ أَمَرَ بِصِيَامِ يَوْمِ عَاشُورَاءَ، فَلَمَّا فُرِضَ رَمَضَانُ كَانَ مَنْ شَاءَ صَامَ وَمَنْ شَاءَ أَفْطَرَ.

1 Muslim, n°1154.

2 Voir *Taghlîq al-Ta'lîq*, p. 144-147.

« Le Messager d'Allah ﷺ avait ordonné de jeûner le jour de 'Âshûrâ'. Mais lorsque le jeûne de Ramadan devint obligatoire, celui qui le voulait mangeait ['Âshûrâ'] et celui qui le voulait jeûnait »[1].

Salama Ibn al-Akwa' ﷺ a dit :

أَمَرَ النَّبِيُّ ﷺ رَجُلاً مِنْ أَسْلَمَ أَنْ أَذِنْ فِي النَّاسِ أَنَّ مَنْ أَكَلَ فَلْيَصُمْ بَقِيَّةَ يَوْمِهِ، وَمَنْ لَمْ يَكُنْ أَكَلَ فَلْيَصُمْ فَإِنَّ الْيَوْمَ يَوْمُ عَاشُورَاء.

« Le Prophète ﷺ avait ordonné à un homme de Aslam d'annoncer aux gens que celui qui a déjà mangé doit jeûner le reste de sa journée. Et que celui qui n'a encore rien mangé jeûne, car c'est le jour de 'Âshûrâ' »[2].

Le jour de 'Âshûrâ' dont le jeûne était obligatoire fut abrogé. Les compagnons étaient obligés de s'abstenir de boire et de manger la journée. Cela leur était valide. Quant au Ramadan il s'agit d'une obligation et les règles concernant une obligation ne changent pas.

3. Certains savants se sont opposés et ont dit qu'il faut le rattraper [le refaire ultérieurement]

En effet, d'après eux 'Âshûrâ' n'était pas une obligation. Sache, frère dans la foi, que l'ensemble des arguments démontrent que le jeûne de 'Âshûrâ' était obligatoire comme l'indique l'ordre donné par le Prophète ﷺ de le jeûner, comme dans le hadith rapporté par 'Âisha ﷺ.Puis, l'ordre fut encore plus confirmé par celui de s'abstenir de continuer à manger selon le

1 Al-Bukhârî, t. 4, p. 212; Muslim, n° 1125.

2 Al-Bukhârî, t. 4, p. 216; Muslim, n° 1135.

hadith rapporté par Salama Ibn al-Akwa' cité précédemment et celui rapporté par Mu<u>h</u>ammad Ibn <u>S</u>ayfî al-An<u>s</u>ârî qui dit: « Le Messager d'Allah ﷺ est sorti le jour de 'Âshûrâ' et a dit :

أَصُمْتُمْ يَوْمَكُمْ هَذَا ؟

« Avez-vous jeûné ce jour-ci ? »

Certains ont dit : « Oui » et d'autres : « Non ».

Puis, il ﷺ leur a dit :

فَأَتِمُّوا بَقِيَّةَ يَوْمِكُمْ هَذَا.

« Complétez le reste de ce jour en jeûnant ! »

Ensuite, il ﷺ leur demanda d'annoncer aux habitants de la banlieue de Médine de compléter le reste du jour en jeûnant »[1].

Ce qui tranche entre les propos contradictoires, c'est la parole d'Ibn Mas'ûd disant : « *Lorsque [le jeûne de] Ramadan fut imposé, 'Âshûrâ' fut abandonné.*»[2]

Ainsi que la parole de 'Âisha ﵂ qui dit :

فَلَمَّا نَزَلَ رَمَضَانُ، فَكَانَ رَمَضَانُ هُوَ الْفَرِيضَةُ، وَتُرِكَ عَاشُورَاءُ.

« Lorsque le Ramadan fut imposé, c'est lui qui est devenu l'obligation. Quant à 'Âshûrâ', il fut abandonné ».[3]

Or, le jeûne de 'Âshûrâ' reste toujours surérogatoire à l'unanimité des savants comme l'a rapporté Ibn <u>H</u>ajar ﵀ dans son ouvrage *al-Fat<u>h</u>* d'après Ibn 'Abd al-Barr. Ce qui indique que ce qui a été abandonné est son obligation.

---

1 Ibn Khuzayma, *al-<u>S</u>a<u>h</u>î<u>h</u>*, t. 3, p. 389; A<u>h</u>mad, *al-Musnad*, t. 4, p. 388; al-Nasâ'î, t. 4, p. 192; Ibn Mâjah, t. 1, p. 552, avec une chaîne de transmission authentique.

2 Muslim, n° 1127.

3 Muslim, n° 1125.

D'autres savants disent: « Si le jeûne de 'Âshûrâ' était une obligation, il a été abrogé ainsi que toutes les règles qui s'y rapportent. Mais en réalité, les hadiths parlant du jeûne de 'Âshûrâ' indiquent les points suivants :

1. L'obligation [dans le passé] du jeûne de 'Âshûrâ'.
2. Celui qui ne précise pas l'intention du jeûne obligatoire avant l'aube par ignorance, son jeûne reste valable.
3. Celui qui boit ou mange puis apprend qu'il fallait jeûner doit s'abstenir le reste de la journée sans être obligé de récupérer ce jour.

Donc, c'est le caractère obligatoire de ce premier jeûne qui fut abrogé et il devint surérogatoire.

Son abrogation n'implique pas celle des règles qui lui sont relatives. Et Allah ﷻ est le Meilleur Connaisseur.

Ils se sont également basés sur un hadith rapporté par Abû Dâwud (n° 2447) et Ahmad (t. 5, p. 409) via Qatâda d'après 'Abd al-Rahmân Ibn Salama d'après son oncle, qui dit : « *Lorsque [la tribu de] Aslama vint au Prophète ﷺ, il leur demanda* :

صُمْتُمْ يَوْمَكُمْ هَذَا ؟

« *Avez-vous jeûné ce jour-ci ?*»

Ils répondirent : « Non ».

Il ﷺ leur dit :

فَأَتِمُّوا بَقِيَّةَ يَوْمِكُمْ هَذَا وَاقْضُوهُ.

« *Complétez le reste de cette journée en jeûnant et refaites-le [par après]*».

Ce hadith est faible pour deux raisons :

1. l'anonymat de 'Abd al-Rahmân Ibn Salama. A ce sujet al-Dhahabî a dit dans *al-Mîzân* (t. 2, p. 567) : « *Il est inconnu* (*lâ yu'raf*)». Ibn Hajar ﷺ dit dans *al-Tahdhîb* (t. 6, p. 239) : « *Sa situation est inconnue* ». Quant à Ibn Abî Hâtim, il l'a cité dans *al-Jarh wa al-Ta'dîl* (t. 5, p. 288) sans préciser son état de crédibilité.

1. Qatâda l'a rapporté sans déclarer l'avoir entendu directement mais en disant seulement : « d'après un tel ('an'ana)». Or, il est connu comme mudallis[1].

1 Le *mudallis* ne précise pas s'il a entendu directement du transmetteur duquel il transmet. NDT

Le moment du jeûne

Au moment de la rupture du jeûne, les compagnons du Prophète Muhammad ﷺ pouvaient manger, boire, avoir des rapports conjugaux tant qu'ils ne dormaient pas.

Ainsi, si l'un d'eux s'endormait avant d'avoir soupé, il ne pouvait rien faire de tout cela jusqu'au lendemain. Mais la Miséricorde du Seigneur le Tout-Puissant, le Donateur, les a englobés en leur autorisant cela durant toute la nuit et ils en furent soulagés.

Cette histoire est détaillée dans le hadith suivant selon al-Barâ' ﷺ qui a dit :

> « *Lorsque l'un des compagnons du Prophète ﷺ jeûnait et qu'au moment de la rupture du jeûne il (partait) dormir avant de rompre le jeûne, il ne pouvait plus manger le reste de cette nuit ni la journée du lendemain jusqu'au soir. Qays Ibn Sirma al-Ansârî jeûnait et au moment de la rupture du jeûne, il vint chez sa femme et lui dit : « Avez-vous de quoi manger ? ». Elle lui répondit : «Non, mais je vais t'en chercher ». Comme ce jour-là il travaillait, il ne put s'empêcher de dormir. Lorsque sa femme rentra et le vit [dans cet état] elle lui dit : « Tant pis pour toi ». Vers le milieu de la journée du lendemain, il s'évanouit. Lorsque le Prophète ﷺ l'apprit, le verset suivant fût révélé : ﴿ On vous a permis, la nuit du jeûne, d'avoir des rapports conjugaux avec vos femmes ﴾. Cela les rendit très heureux. Il fut également*

révélé : ﴿ *Mangez et buvez jusqu'à ce que se distingue, pour vous, le fil blanc [de l'aube] du fil noir [de la nuit]* ﴾ (le Coran, *al-Baqara* : 187) »[1].

Certes, cela fut une miséricorde divine que le Compatissant, le Miséricordieux, a accordée à Ses serviteurs obéissants qui ont dit :

سَمِعْنَا وَأَطَعْنَا غُفْرَانَكَ رَبَّنَا وَإِلَيْكَ ٱلْمَصِيرُ

﴿ Nous avons entendu et obéi. Seigneur, nous implorons Ton pardon. C'est vers Toi que sera le retour.﴾

(le Coran, *al-Baqara* : 285)

Cette miséricorde a déterminé le début et la fin du jour de jeûne à savoir à partir de la distinction de la lueur de l'aube jusqu'à la fin de la journée, à la tombée de la nuit et à la disparition du soleil derrière son voile.

1. Le fil blanc et le fil noir

Suite à la révélation du verset cité ci-dessus, certains compagnons du Prophète ﷺ prirent un cordon noir et un autre blanc en les mettant sous leurs oreillers ou les attachant autour de leurs jambes. Puis, ils mangeaient et buvaient jusqu'à ce qu'ils arrivent à distinguer l'un de l'autre.

D'après 'Adî Ibn Hâtim ﷺ: «*Lorsque fut révélé le verset :* ﴿*...jusqu'à ce que vous distinguiez le fil blanc du fil noir* ﴾*, je pris un cordon noir et un autre blanc et je les mis sous mon oreiller. Puis, je me mis à [les] regarder la nuit sans pouvoir les distinguer. Le lendemain, je partis chez le Messager* ﷺ *et lui racontai l'histoire. Il* ﷺ *me dit : « Il s'agit de l'obscurité de la nuit et la clarté du jour »*[2].

1 Al-Bukhârî, t. 4, p. 911.

2 Al-Bukhârî, t. 4, p. 113; Muslim, n° 1090. En effet, le sens apparent du texte indique la présence de 'Adî lors de la révélation de ce verset, ce qui implique

Sahl Ibn Sa'd ﷺ dit: « *Lorsque fut révélé: ❬ Mangez et buvez jusqu'à ce que se distingue, pour vous, le fil blanc du fil noir ❭, on attachait autour de son pied un fil blanc et un autre noir. Lorsqu'on voulait jeûner [le lendemain]. Puis on mangeait et buvait jusqu'à ce qu'on arrive à les distinguer. Ensuite Allah a révélé : ❬...de l'aube ❭. Ainsi, ils [les compagnons] apprirent que cela voulait dire la nuit et le jour* »[1].

En plus de cette clarification coranique et d'une telle faveur divine, le Messager ﷺ a fait à ses compagnons une description de cette distinction qui ne laisse pas la moindre place au doute ou à l'ignorance.

Qu'Allah bénisse celui qui a dit :

« *Plus rien n'est véridique dans les esprits*

Si le jour nécessite une preuve ».

2. Il y a deux sortes d'aubes

Parmi l'ensemble des règles expliquées en détail par le Messager ﷺ figure le fait qu'il existe deux sortes d'aubes :

1. **La fausse :** qui n'autorise pas la prière de l'aube (Subh) et n'interdit pas au jeûneur de manger.

---

sa conversion à l'Islam à ce moment-là, alors que ce n'était pas le cas. Car, le jeûne fut décrété la deuxième année de l'Hégire alors que 'Adî se convertit à la 9ème ou 10ème année hégirienne selon l'ouvrage de Ibn Hajar ﷺ, *al-Isâba*, t. 2, p. 468. Donc, il se peut que la révélation de ce verset eut lieu tardivement, ce qui est peu probable. Deuxième hypothèse : quand 'Adî dit : « *Lorsqu'il fut révélé* » il voulut dire par là lorsqu'il se convertit et que ce verset lui fut récité, ce qui est vraisemblable. Cette dernière explication est appuyée par une version rapportée par Ahmad (t. 4, p. 377) selon laquelle 'Adî dit : « *Le Messager d'Allah ﷺ m'a appris la prière et le jeûne. Il m'a dit : « Prie comme indiqué et jeûne. Au coucher du soleil mange et bois jusqu'à ce que tu arrives à distinguer le fil blanc du fil noir. Jeûne trente jours sauf si tu vois le croissant avant ». Puis j'ai pris deux fils de poils noirs et blancs...* ». Voir *al-Fath* (t. 4, p.132-133) avec adaptation.

1 Al-Bukhârî, t.4, p.114; Muslim, n° 1091.

2. **La vraie :** qui interdit au jeûneur de manger et autorise la prière de l'aube.

Ibn 'Abbâs ﷺ a rapporté que le Messager ﷺ a dit :

الفَجْرُ فَجْرَانِ؛ فَأَمَّا الأَوَّلُ: فَإِنَّهُ لاَ يُحَرِّمُ الطَّعَامَ، وَلاَ يُحِلُّ الصَّلاَةَ، وَأَمَّا الثَّانِي: فَإِنَّهُ يُحَرِّمُ الطَّعَامَ، وَيُحِلُّ الصَّلاَةَ.

« L'aube est de deux sortes : la première n'interdit pas la nourriture et n'autorise pas la prière. Quant à la seconde, elle interdit la nourriture et autorise la prière »[1].

Frère en Islam sache que :

1. **L'aube trompeuse:** c'est une blancheur rectangulaire radieuse qui monte comme la queue du loup.
2. **L'aube réelle** : il s'agit de la rougeur étendue apparaissant au sommet des sentiers et montagnes, qui se propage dans les rues et les habitations. Telle est l'aube dont dépendent les règles du jeûne et de la prière.

Samura ﷺ a rapporté que le Messager d'Allah ﷺ a dit :

لاَ يَغُرَّنَّكُمْ أَذَانُ بِلاَلٍ وَلاَ هَذَا الْبَيَاضُ - لِعَمُودِ الصُّبْحِ - حَتَّى يَسْتَطِيرَ.

« Que ne vous trompe point l'appel à la prière de Bilâl, ni cette couleur blanche de la colonne de l'aube jusqu'à ce qu'elle s'étende »[2].

---

1 Ibn Khuzayma, *al-Sahîh*, t.3, p.210; al-Hâkim, *al-Mustadrak*, t.1, p.191, 495. Hadith authentique.

2 Muslim, n° 1094.

Talq Ibn 'Alî a rapporté que le Prophète ﷺ a dit :

كُلُوا وَاشْرَبُوا وَلاَ يَغُرَّنَّكُمْ السَّاطِعُ الْمُصَعِّدُ، وَكُلُوا وَاشْرَبُوا حَتَّى يَعْتَرِضَ لَكُمُ الْأَحْمَرُ.

« Mangez et buvez. Et que ne vous trompe point la clarté montante. Mangez et buvez jusqu'à ce que vous rencontriez la lumière rouge »[1].

Sache qu'Allah te guide vers Son obéissance, que l'aube réelle est celle qui concorde au noble verset disant :

وَكُلُوا۟ وَٱشْرَبُوا۟ حَتَّىٰ يَتَبَيَّنَ لَكُمُ ٱلْخَيْطُ ٱلْأَبْيَضُ مِنَ ٱلْخَيْطِ ٱلْأَسْوَدِ مِنَ ٱلْفَجْرِ

﴾ Mangez et buvez jusqu'à ce que se distingue pour vous le fil blanc du fil noir de l'aube.﴿

(le Coran, *al-Baqara* : 187)

En réalité, lorsque la lueur de l'aube apparaît à l'horizon des sentiers et aux sommets des montagnes, elle ressemble à un fil blanc au-dessus duquel apparaît un fil noir qui représente l'obscurité restante de la nuit qui disparaît progressivement. Donc, lorsque tu distingues cela, abstiens-toi de la nourriture, de la boisson et des rapports conjugaux.

Si à ce moment-là, tu tiens encore en ta main un verre d'eau ou une autre boisson, bois-le à ton aise, car c'est une grande permission de la part du plus Clément des miséricordieux accordée à Ses serviteurs jeûneurs, même s'ils entendent l'appel à la prière. Dans un hadith, le Prophète ﷺ a dit :

إِذَا سَمِعَ أَحَدُكُمُ النِّدَاءَ وَالإِنَاءُ فِي يَدِهِ؛ فَلاَ يَضَعْهُ حَتَّى يَقْضِيَ حَاجَتَهُ مِنْهُ.

---

1 Al-Tirmidhî, t.3, p.76; Abû Dâwud, t. 2, p. 304. La chaîne est authentique.

« *Si l'un de vous entend l'appel [à la prière] alors qu'il tient dans sa main un récipient pour boire, qu'il ne le dépose qu'après en avoir bu ce qu'il voulait* »[1].

Cela tout en sachant qu'il s'agit du deuxième appel, celui de l'aube réelle. Cela est appuyé par la version rapportée par Ahmad (2/510), Ibn Jarîr al-Tabarî (2/102) et d'autres à la fin du hadith qui dit :

وَكَانَ الْمُؤَذِّنُ يُؤَذِّنُ إِذَا بَزَغَ الْفَجْرُ.

« *Le muezzin appelait à la prière lorsque la lueur de l'aube apparaissait* »[2].

Cela est appuyé par ce qu'Abû Umâma a rapporté en disant : « *Le deuxième appel à la prière fut fait lorsque 'Umar* ﷺ *tenait un ustensile dans sa main et dit : « Ô Messager d'Allah ! Puis-je le boire ? ». Il* ﷺ *lui répondit : « Oui ». Et il le but.*»[3]

Cela indique que l'abandon de la nourriture avant l'apparition de l'aube réelle par précaution n'est qu'une innovation sans fondement.

Ibn Hajar ﷺ a dit dans son ouvrage *al-Fath* (t. 4, p. 199): « *Figure parmi les innovations à rejeter ce qui se passe actuellement : le deuxième appel à la prière durant le mois de Ramadan est fixé à vingt minutes avant l'aube réelle, ainsi que l'extinction des lumières comme signal d'interdiction de manger et de boire pour celui qui compte jeûner. Cela, en pensant que c'est une mesure de précaution dans l'adoration; mais très peu de gens comprennent cette chose. En*

---

1 Abû Dâwud, n° 235; al-Hâkim, *al-Mustadrak*, t.1, p. 426; Ibn Jarîr, n° 3115; al-Bayhaqî, t. 2, p. 218 et Ahmad, t. 2, p. 423. D'après Abû Hurayra. Le hadith est fiable.

2 Ce supplément annule le commentaire de cheikh Habîb al-Rahmân al-A'zamî al-Hanafî du *Musannaf* de 'Abd al-Razzâq, t.4, p. 173. Cela lorsqu'il dit : « *Ceci laisse entendre que le Prophète* ﷺ *a appris que le muezzin faisait l'appel avant l'apparition de l'aube* ». Et louange à Allah.

3 Ibn Jarîr l'a rapporté via deux voies, t. 2, p. 102.

outre, cela les a amenés à ne faire l'appel que bien après le coucher du soleil pour, selon eux, s'en assurer. Ainsi, ils ont retardé la rupture du jeûne et anticipé le Sah̲ûr, en contredisant ainsi la sunna. C'est pour cette raison que le bien a diminué en eux et que le mal est devenu dominant. Et c'est sur Allah que nous comptons ».

En effet, l'innovation de s'abstenir de manger et de boire avant l'apparition de l'aube sous prétexte d'en être rassuré est toujours de rigueur à notre époque. Et c'est à Allah que nous nous en plaignons.

3. Accomplir le jeûne jusqu'à la tombée de la nuit

Donc, lorsque la nuit arrive du côté Est, que le jour disparaît du côté Ouest et que le soleil se couche, le jeûneur doit rompre son jeûne. 'Umar ﷺ a rapporté que le Prophète ﷺ a dit :

إِذَا أَقْبَلَ اللَّيْلُ مِنْ هَاهُنَا وَأَدْبَرَ النَّهَارُ مِنْ هَاهُنَا وَغَرَبَتِ الشَّمْسُ فَقَدْ أَفْطَرَ الصَّائِمُ.

« *Si la nuit tombe de ce côté-ci, que le jour disparaît de ce côté-là et que le soleil se couche, le jeûneur rompt son jeûne* »[1].

En effet, ce moment a lieu juste après la disparition du disque solaire même si sa lumière reste. Car le Prophète ﷺ jeûnait et demandait à un homme de monter sur quelque chose. Quand ce dernier disait : « *Le soleil s'est couché* », il rompait son jeûne ﷺ.[2]

---

1 Al-Bukhârî, t. 4, p. 171; Muslim, n° 1100

2 Al-H̲âkim, t. 1, p. 434; Ibn Khuzayma, n° 2061, ce dernier l'a jugé authentique selon les conditions d'al-Bukhârî et Muslim.

Cependant, il se peut que certains pensent que la tombée de la nuit ne se réalise pas directement après le coucher du soleil mais plutôt après l'extension de l'obscurité à l'Est et à l'Ouest.

Effectivement, certains compagnons pensaient la même chose. Ensuite, il fut expliqué que l'apparition du début de l'obscurité du côté Est juste après la disparition du soleil suffit. 'Abd Allah Ibn Abî Awfâ ﷺ a dit: « Nous étions en voyage avec le Messager d'Allah ﷺ alors qu'il jeûnait [durant le mois de Ramadan]. Lorsque le soleil se coucha, il dit :

يَا فُلَانُ - فِي رِوَايَةٍ لِأَبِي دَاوُدَ : يَا بِلَالُ، قُمْ فَاجْدَحْ لَنَا.

«Ô untel – dans une version d'Abû Dawud: ô Bilâl – lève-toi et prépare-nous à boire et à manger ! »

Bilâl ﷺ lui dit: « *Ô Messager d'Allah ! Si tu attendais qu'il fasse noir* ». 55

Il ﷺ lui dit :

أَنْزِلْ فَاجْدَحْ لَنَا.

« Descends et prépare-nous à boire et à manger ! »

Puis, il descendit et leur prépara à boire et à manger. Ensuite, le Prophète ﷺ but et dit :

لَوْ تَرَاآهَا أَحَدٌ عَلَى بَعِيرِهِ لَرَآهَا!

« Si quelqu'un sur un chameau essayait de le voir [le soleil], il le verrait ! »

Puis, il ﷺ pointa l'Est du doigt et dit :

إِذَا رَأَيْتَ اللَّيْلَ قَدْ أَقْبَلَ مِنْ هَاهُنَا فَقَدْ أَفْطَرَ الصَّائِمُ.

« Si tu vois la nuit tomber de ce côté-là, [sache que] le jeûneur a rompu son jeûne.[1] »[2]

D'autant plus, il a été rapporté par voie authentique que les compagnons du Prophète ﷺ mettaient en pratique cette parole. Ainsi, leur acte était conforme à sa parole. En effet, Abû Sa'îd al- Khudrî rompait le jeûne à la disparition du disque solaire.[3]

Remarques :

1. Les règles concernant le jeûne dépendent de la vision oculaire. Donc, il est inutile d'observer le croissant et l'aube avec les instruments télescopiques modernes, ou de respecter les calendriers établis par les astronomes, qui ont détourné les musulmans de se conformer à la sunna du dernier des Prophètes ﷺ. C'est la raison pour laquelle le bien a diminué et le mal a dominé.

2. Dans certains pays islamiques, les *muezzins* utilisent des calendriers vieux d'une cinquantaine d'années ! Ainsi, ils retardent la rupture du jeûne et anticipent le *Sahûr*, en contredisant ainsi l'enseignement du Prophète ﷺ.

Dans de tels pays, d'autres qui se conforment à la sunna rompent leur jeûne à partir du coucher du soleil et le *Sahûr* à l'aube. Ainsi, lorsque le soleil se couche, ils rompent le jeûne et lorsque l'aube réelle apparaît, ils abandonnent [la boisson et la nourriture].

1 C'est-à-dire qu'il doit rompre son jeûne. NDT

2 Al-Bukhârî, t. 4, p. 199 ; Muslim, n° 1101 ; Abû Dâwûd, n° 2352.

3 Al-Bukhârî, t. 4, p. 196.

Il s'agit là d'une attitude tout à fait correcte. Ainsi, celui qui pense qu'ils ont tort fait grande erreur. Il n'y a de puissance, ni de force que par Allah ﷻ.

Car il n'y a nul doute que le culte [du jeûne] est lié au soleil et à l'aube. Par conséquent, ceux qui contredisent cette règle ont tort et non ceux qui s'y conforment.

Quant à l'appel à la prière, il sert à annoncer le temps. Mais si le moment arrive et que l'on retarde l'appel ou si l'appel est fait avant l'heure, il faut toujours respecter la règle de base. Voilà un principe à retenir !

Le repas de fin de nuit (le *Sahûr*)

1. Sa sagesse

Allah ﷻ nous a prescrit le jeûne comme Il ﷻ l'a prescrit à ceux avant nous parmi les gens du Livre. Le Très Haut dit :

يَـٰٓأَيُّهَا ٱلَّذِينَ ءَامَنُوا۟ كُتِبَ عَلَيْكُمُ ٱلصِّيَامُ كَمَا كُتِبَ عَلَى ٱلَّذِينَ مِن قَبْلِكُمْ لَعَلَّكُمْ تَتَّقُونَ

﴾ Ô les croyants ! On vous a prescrit le jeûne comme on l'a prescrit à ceux d'avant-vous, peut-être atteindrez-vous la piété.﴿

(le Coran, *al-Baqara* : 183)

Le temps et la façon étaient identiques à ce qui était prescrit aux gens du Livre, à savoir qu'ils ne devaient ni manger, ni boire, ni avoir des rapports conjugaux après avoir dormi. Autrement dit, si l'un d'eux s'endormait, il ne pouvait plus manger jusqu'au lendemain soir.

Cela fut également le cas pour les musulmans comme nous l'avons vu précédemment.

Quand cela fut abrogé, le Prophète ﷺ donna l'ordre de prendre le repas du *Sahûr*[1] pour distinguer notre jeûne de celui des gens du Livre.

'Amr Ibn al-'Âs ﷺ a rapporté que le Prophète ﷺ a dit :

فَصْلُ مَا بَيْنَ صِيَامِنَا وَصِيَامِ أَهْلِ الْكِتَابِ أَكْلَةُ السَّحَرِ.

« La différence entre notre jeûne et celui des gens du Livre est le repas du Sahûr »[2].

2. Ses mérites

a) *Le Sahûr est une bénédiction*

Salmân ﷺ a rapporté que le Messager d'Allah ﷺ a dit :

الْبَرَكَةُ فِي ثَلاَثَةٍ : اَلْجَمَاعَةُ، الثَّرِيدُ، وَالسَّحُورُ.

« La bénédiction se trouve en trois choses : le groupe, al-Tharîd[3] *et le Sahûr »*[4].

Abû Hurayra ﷺ nous rapporte que le Prophète ﷺ a dit:

إِنَّ اللهَ جَعَلَ الْبَرَكَةَ فِي السَّحُورِ وَالْكَيْلِ.

«Allah a placé la bénédiction dans le Sahûr et dans le Kayl.[5]*»*[6]

---

1 Le *Sahûr* est la collation prise juste avant que n'apparaisse l'aube réelle, heure à laquelle il devient obligatoire de s'abstenir. NDT

2 Muslim, n° 1096.

3 Le *Tharîd* était une nourriture répandue à l'époque du Prophète ﷺ.

4 Al-Tabaranî, *al-Mu'jam al-Kabîr*, n° 6127.

5 Le *Kayl* est une unité de mesure pour les grains. NDT

6 Voir *Sahîh al-Jâmi'*, n° 1715, d'après Abû Hurayra ﷺ.

'Abd Allah Ibn al-Hârith ﷺ a rapporté que l'un des compagnons du Prophète ﷺ a dit : « *Je suis entré chez le Prophète ﷺ pendant qu'il prenait le repas du* Sahûr *et il m'a dit* :

إِنَّهَا بَرَكَةٌ أَعْطَاكُمُ اللهُ إِيَّاهَا فَلاَ تَدَعُوهُ.

« C'est une bénédiction qu'Allah vous a accordée. Ne l'abandonnez donc pas »[1].

Le *Sahûr* est une bénédiction évidente, car il fait partie de la sunna, il aide à supporter le jeûne et encourage à en faire plus du fait qu'il allège le jeûneur. Ainsi on se distingue des gens du Livre qui ne le pratiquent pas. Pour toutes ces raisons le Noble Messager ﷺ l'a nommé « *le déjeuner béni* » comme il est mentionné dans le hadith rapporté par al-'Irbâd Ibn Sâriya et Abû al-Dardâ' ﷺ dans lequel il dit ﷺ :

هَلُمَّ إِلَى الْغَدَاءِ الْمُبَارَكِ - يَعْنِي السَّحُورَ.

« Venez au repas béni [ç'est-à-dire le Sahûr] »[2].

b) *Allah et Ses anges prient pour ceux qui prennent le repas du Sahûr :*

La plus grande bénédiction du *Sahûr* est probablement qu'Allah ﷻ accorde Son Pardon et Sa Miséricorde à ceux qui le consomment. D'autant plus que les anges du Tout-Miséricordieux implorent le pardon en leur faveur et invoquent Allah de les gracier afin qu'ils soient les affranchis[3] du Tout-Miséricordieux durant le mois du Coran.

---

1 Al-Nasâ'î , t. 4, p. 145; Ahmad, t. 5, p. 270, et sa chaîne de transmission est authentique.

2 Ahmad, t. 4, p. 126 ; Abû Dâwud, t. 2, p. 303; al-Nasâ'î, t. 4, p. 145, le hadith est authentique.

3 Affranchis du feu de l'Enfer. NDT

D'après Abû Sa'îd al-Khudrî, le Messager ﷺ a dit :

السَّحُورُ أَكْلَةُ بَرَكَةٍ، فَلاَ تَدَعُوهُ، وَلَوْ أَنْ يَجْرَعَ أَحَدُكُمْ جُرْعَةً مِنْ مَاءٍ، فَإِنَّ اللهَ وَمَلاَئِكَتَهُ يُصَلُّونَ عَلَى الْمُتَسَحِّرِينَ.

« Le Sahûr est un repas béni. Donc ne l'abandonnez pas même si l'un de vous ne prend qu'une gorgée d'eau. Car Allah et Ses anges prient pour ceux qui prennent le repas du Sahûr »[1].

Donc, le Musulman ne doit pas laisser passer une telle récompense de la part d'un Seigneur Miséricordieux.

Le meilleur *Sahûr* du croyant consiste à se nourrir de dattes. Dans un hadith, il ﷺ dit :

نِعْمَ سَحُورُ الْمُؤْمِنِ التَّمْرُ.

« Le meilleur repas du Sahûr du croyant est la datte »[2].

Mais si quelqu'un ne trouve pas de quoi manger, qu'il tâche de faire le *Sahûr* ne fût-ce qu'en prenant un verre d'eau conformément à la parole du Prophète ﷺ :

تَسَحَّرُوا وَلَوْ بِجُرْعَةِ مَاءٍ.

« Prenez le repas du Sahûr ne fut-ce qu'avec un verre d'eau »[3].

---

1 Hadith précédemment cité.

2 Abû Dâwud, t. 2, p. 303 ; Ibn Hibbân, n° 223, d'après Abû Hurayra avec une chaîne authentique.

3 Hadith précédemment cité.

3. Son retardement

Il est recommandé de retarder le *Sahûr* jusqu'à peu avant l'aube réelle, car le Prophète ﷺ et Zayd Ibn Thâbit ؓ prirent le *Sahûr*, et lorsqu'ils eurent terminé, le Prophète ﷺ se leva pour la prière. Le laps de temps entre la fin de leur *Sahûr* et leur entrée en prière était d'une durée suffisante pour lire cinquante versets du Coran.

En effet, Anas Ibn Mâlik ؓ a rapporté que Zayd Ibn Thâbit ؓ a dit : « *Nous avons pris le repas du Sahûr avec le Prophète ﷺ, puis il s'est levé pour la prière. J'ai demandé [à Zayd] : "Combien de temps y avait-il entre l'appel à la prière et le Sahûr ?". Il m'a dit : "Le temps de lire cinquante versets "»*[1].

Serviteur d'Allah, qu'Allah te guide ! Sache qu'il t'est permis de manger, de boire et d'avoir des rapports conjugaux tant que tu doutes de l'apparition de l'aube. En effet, Allah le Tout-Majestueux a déterminé des critères pour la distinguer. Donc vérifie !

En outre, Allah le Très-Haut a pardonné la faute non intentionnelle et a permis la nourriture, la boisson et le rapport conjugal jusqu'à ce qu'on puisse déterminer [l'heure de] l'aube. Quant à celui qui doute [de l'apparition] de l'aube, cela veut dire qu'il ne l'a pas distingué, car la détermination est une certitude sans équivoque. Donc, vérifie l'apparition de l'aube !

4. Son statut

Pour les raisons précitées, le Messager ﷺ a fermement ordonné à celui qui veut jeûner de prendre le repas du *Sahûr*. Il dit ﷺ :

مَنْ أَرَادَ أَنْ يَصُومَ فَلْيَتَسَحَّرْ بِشَيْءٍ.

1 Al-Bukhârî, t. 4, p. 118; Muslim, n° 1097.

« Quiconque désire jeûner doit prendre le Sahûr avec quelque chose. »[1]

Il dit également ﷺ :

تَسَحَّرُوا فَإِنَّ فِي السَّحُورِ بَرَكَةً.

« Prenez le repas du Sahûr, car dans le Sahûr réside une bénédiction »[2].

Puis, il a montré ﷺ la valeur du *Sahûr* pour sa communauté en disant :

فَصْلُ مَا بَيْنَ صِيَامِنَا وَ صِيَامِ أَهْلِ الْكِتَابِ أَكْلَةُ السَّحَرِ.

« La différence entre notre jeûne et celui des gens du Livre est le repas du Sahûr »[3].

Par ailleurs, il nous a interdit de l'abandonner en disant ﷺ :

السَّحُورُ أَكْلَةُ بَرَكَةٍ، فَلاَ تَدَعُوهُ، وَلَوْ أَنْ يَجْرَعَ أَحَدُكُمْ جُرْعَةً مِنْ مَاءٍ، فَإِنَّ اللهَ وَمَلاَئِكَتَهُ يُصَلُّونَ عَلَى الْمُتَسَحِّرِينَ.

« Le Sahûr est un repas béni, ne l'abandonnez pas, même si l'un de vous ne prend qu'une gorgée d'eau. Car Allah et Ses anges prient pour ceux qui prennent le Sahûr »[4].

---

1 Ibn Abî Shayba, *al-Musannaf*, t. 3, p. 8; Ahmad, *al-Musnad*, t. 3, p. 367; Abû Ya'lâ, t. 3, p. 438; al-Bazzâr, t. 1, p. 465. Le hadith est fiable.

2 Al-Bukhârî, t. 4, p. 120 ; Muslim, n° 1095 d'après Anas Ibn Mâlik.

3 Cité précédemment.

4 Ibn Abû Shayba, *al-Musannaf*, t. 3, p. 8 ; Ahmad , *al-Musnad*, t. 3, p. 12 et 44 d'après Abû Sa'îd al-Khudrî, via trois voies qui se renforcent l'une l'autre et rendent le hadith fiable.

Il dit aussi ﷺ :

تَسَحَّرُوا وَلَوْ بِجُرْعَةٍ مِنْ مَاءٍ.

«Prenez le repas du Sahûr ne fut-ce qu'avec une gorgée d'eau »[1].

Donc, d'après notre point de vue, cet ordre prophétique est confirmé de trois manières :

1. Il s'agit bien d'un ordre.
2. C'est une caractéristique du jeûne des musulmans et une différence entre leur jeûne et celui des autres.
3. L'interdiction de l'abandonner.

Ce sont des arguments solides et des preuves évidentes. Cependant, l'érudit Ibn Hajar a rapporté dans son ouvrage *Fath al-Bârî* le consensus sur le fait que le *Sahûr* est conseillé [et non obligatoire][2].

Et Allah ﷻ est le Meilleur Connaisseur.

1 Hadith faible rapporté d'après Abû Ya'lâ, n° 3340, mais vu qu'il a une autre version qui est rapportée par Ibn 'Umar chez Ibn Hibbân, n° 884, il devient bon (*hasan).*

2 Voir *al-Fath,* t. 4, p. 139.

Ce que le jeûneur doit abandonner

Sache, ô bien guidé vers l'obéissance à Son Seigneur le Très-Haut, que le jeûneur est celui dont les membres s'abstiennent des péchés et la langue du mensonge, des propos obscènes et du faux témoignage. Celui dont le ventre s'abstient de toute nourriture et boisson, et le sexe du rapport conjugal. Ainsi lorsqu'il parle, il ne profère pas ce qui porte atteinte à son jeûne. Et lorsqu'il agit, il ne fait pas ce qui corrompt son jeûne.

Il prononce de bonnes paroles et fait de bons actes. Tel est le jeûne prescrit, il ne s'agit pas seulement d'abandonner la nourriture, la boisson et le rapport charnel. Car le jeûne est l'abandon des péchés par les membres, de la nourriture et de la boisson par le ventre.

Tout comme la nourriture et la boisson l'annulent, les péchés nous privent de sa récompense et altèrent le fruit qu'on en tire. Dès lors, c'est comme si l'on n'avait pas jeûné.

En effet, le Prophète ﷺ a incité le Musulman en état de jeûne à se munir d'un bon comportement et de s'éloigner des propos obscènes et de la rudesse. Si le Musulman doit éviter ces mauvaises habitudes et s'en abstenir en tout temps, cet ordre est plus accentué durant l'accomplissement du jeûne obligatoire.

Il incombe donc au Musulman de s'éloigner de tels actes qui portent atteinte à son jeûne afin qu'il en profite et atteigne la piété qu'Allah ﷻ a citée en disant : ﴿Ô les croyants ! On vous a prescrit le jeûne comme on l'a prescrit à ceux d'avant-vous, peut-être atteindrez-vous la piété.﴾

Le jeûne est en effet un moyen d'atteindre la piété, car il réprime l'âme de commettre beaucoup de transgressions vers lesquelles elle penche, selon la parole du Prophète ﷺ disant :

« *Le jeûne est une protection.* »

Ce point a déjà été élucidé lors du chapitre traitant des mérites du jeûne.

Voici, frère en Islam, quelques mauvais gestes qu'il faut connaître afin de les éviter. Qu'Allah ﷻ bénisse celui qui a dit :

« *J'ai connu le mal, non pour le mal*
Mais pour l'éviter
Et quiconque ne distingue le bien du mal
Risque d'y tomber. »

1. Le mensonge et le faux témoignage

D'après Abû Hurayra رضي الله عنه, le Prophète ﷺ a dit :

مَنْ لَمْ يَدَعْ قَوْلَ الزُّورِ وَالْعَمَلَ بِهِ فَلَيْسَ لِلهِ عَزَّ وَجَلَّ حَاجَةٌ أَنْ يَدَعَ طَعَامَهُ وَشَرَابَهُ.

« *Celui qui n'abandonne pas le mensonge et sa pratique, Allah le Tout-Puissant et Majestueux n'a pas besoin qu'il délaisse sa nourriture et sa boisson* »[1].

2. Les propos futiles et obscènes

Selon Abû Hurayra رضي الله عنه, le Messager ﷺ a dit :

1 Al-Bukhârî, t. 4, p. 99.

لَيْسَ الصِّيَامُ مِنَ الْأَكْلِ وَالشُّرْبِ، إِنَّمَا الصِّيَامُ مِنَ اللَّغْوِ وَالرَّفَثِ، فَإِنْ سَابَّكَ أَحَدٌ أَوْ جَهِلَ عَلَيْكَ فَقُلْ: إِنِّي صَائِمٌ، إِنِّي صَائِمٌ.

« Le jeûne, ce n'est pas le fait de s'abstenir de la nourriture et de la boisson, mais plutôt des propos futiles et obscènes. Alors, si quelqu'un t'insulte ou t'importune, dis : « Je jeûne, je jeûne »[1].

C'est pourquoi d'ailleurs une menace sévère fut adressée à l'égard de celui qui adopte ce genre de mauvaises attitudes. Le véridique qui ne prononce rien sous l'effet de la passion ﷺ a dit :

رُبَّ صَائِمٍ حَظُّهُ مِنْ صِيَامِهِ الْجُوعُ وَالْعَطَشُ.

« Il se peut qu'un jeûneur ne récolte de son jeûne que la faim et la soif »[2].

Cela est dû au fait que celui-ci n'a pas saisi le véritable sens du jeûne qu'Allah ﷻ nous a prescrit.

Par conséquent, Allah ﷻ le punit en le privant de la récompense du jeûne.[3] C'est pourquoi les savants parmi nos pieux prédécesseurs (*al-Salaf al-Sâlih*), ont fait la part des choses entre l'interdiction qui est relative à un acte d'adoration qui l'annule, et celle qui ne lui est pas spécifique et ne l'annule pas[4].

---

1 Hadith authentique rapporté par Ibn Khuzayma, *al-Sahîh*, n° 1996; al-Hâkim, *al-Mustadrak*, t. 1, p. 430-431, avec une chaîne de transmission authentique.

2 Hadith authentique rapporté par Ibn Mâjah, t. 1, p. 539 ; al-Dârimî, *al-Sunan*, t. 2, p. 211.

3 Voir *al-Lu'lu' wal-Marjân*, h. n° 707; *Riyâd al-Sâlihîn*, n° 1215.

4 Voir *Jâmi' al-'Ulûm wal-Hikam* d' Ibn Rajab, p. 58.

Actes autorisés pendant le jeûne

Aucun serviteur obéissant qui a compris le Coran et la sunna ne doute qu'Allah veut la facilité pour Ses serviteurs et non la difficulté. Ainsi, le Sage Législateur a autorisé au jeûneur certaines choses, sans qu'il en soit blâmé s'il les accomplit.

Voici les actes en question avec leurs arguments :

1. Se lever à l'aube en état d'impureté

Il arrivait que le Prophète ﷺ se levât à l'aube en état d'impureté suite à un rapport charnel avec ses épouses. Puis, il se lavait[1] après l'apparition de l'aube et jeûnait.

D'après 'Âisha et Ummu Salama (qu'Allah les agrée) :

أَنَّ النَّبِيَّ ﷺ كَانَ يُدْرِكُهُ الْفَجْرُ وَهُوَ جُنُبٌ مِنْ أَهْلِهِ، ثُمَّ يَغْتَسِلُ وَيَصُومُ.

« *Le Prophète ﷺ se levait à l'aube en état d'impureté suite à un rapport charnel avec ses épouses. Puis, il se lavait et jeûnait.* »[2]

1 Il est question ici du lavage rituel (*al-Ghusl*). NDT
2 Al-Bukhârî, t. 4, p. 123; Muslim, n° 1109.

2. Se brosser les dents avec le *Siwâk*[1]

Dans un hadith, le Prophète ﷺ a dit :

لَوْلاَ أَنْ أَشُقَّ عَلَى أُمَّتِي لأَمَرْتُهُمْ بِالسِّوَاكِ عِنْدَ كُلِّ وُضُوءٍ.

« Si ce n'était [la crainte] de rendre les choses difficiles à ma communauté, je leur ordonnerais de se brosser les dents avec le Siwâk lors de chaque ablution »[2].

Ici, le Messager ﷺ n'a pas excepté le jeûneur des autres, ce qui prouve que le brossage des dents avec le *Siwâk* est pour toute personne, jeûnant ou non, lors des ablutions et des prières[3], et ceci à tout moment, que ce soit avant le coucher du soleil ou après. Et Allah ﷻ est plus Savant.

3. Le rinçage de la bouche et l'aspiration d'eau par les narines

Le Prophète ﷺ se rinçait la bouche et aspirait de l'eau par ses narines lorsqu'il jeûnait. Mais il a interdit au jeûneur de faire pénétrer l'eau avec force par sa bouche et ses narines. Dans un hadith, il dit ﷺ :

...وَبَالِغْ فِي الإِسْتِنْشَاقِ إِلاَّ أَنْ تَكُونَ صَائِماً.

---

1 Le *Siwâk* est un bâtonnet qu'on coupe d'un arbre qui s'appelle *al-Araq* et qui sert à se nettoyer les dents. Le Prophète ﷺ l'utilisait abondamment et conseillait fortement son utilisation. Il est regrettable de constater que de nos jours son utilisation est le plus souvent négligée par la plupart des musulmans. NDT

2 Al-Bukhârî, t. 2, p. 311; Muslim, n° 252.

3 C'est l'avis de al-Bukhârî, Ibn Khuzayma et d'autres. Voir *Fath al-Bârî*, t. 4, p. 158 et *Sahîh Ibn Khuzayma*, t. 3, p. 247.

« *...et aspire avec force l'eau par les narines sauf si tu es en état de jeûne.* »[1]

4. L'attouchement et le baiser

Il a été rapporté par voie authentique que 'Âisha ﵂ a dit :

كَانَ رَسُولُ اللهِ ﷺ يُقَبِّلُ وَهُوَ صَائِمٌ وَيُبَاشِرُ وَهُوَ صَائِمٌ، وَلَكِنَّهُ كَانَ أَمْلَكَكُمْ لِإِرْبِهِ.

« *Le Messager d'Allah ﷺ embrassait et touchait [ses épouses] pendant qu'il jeûnait. Mais il était plus apte que vous à maîtriser ses instincts !* »[2]

Toutefois, cela est déconseillé pour le jeune et non pour le vieux. En effet, il a été rapporté que 'Abd Allah Ibn 'Amr Ibn al-'Âs ﵁ a dit : « *Nous étions chez le Prophète ﷺ quand un jeune homme vint et dit : "Ô Messager d'Allah ! Puis-je embrasser lorsque je jeûne ?". Il lui dit ﷺ : « Non ! » Ensuite vint un vieux qui lui posa la même question et il lui répondit : « Oui ».*

Dès lors, nous nous regardâmes les uns les autres. Puis, le Messager ﷺ dit : « *Le vieillard parvient à se maîtriser.* »[3]

5. L'analyse sanguine et l'injection de piqûres non nutritives

Cela ne rompt pas le jeûne (voir le chapitre sur les injections nutritives).

1 Al-Tirmidhî, t. 3, p. 146; Abû Dâwud, t. 2, p. 308; Ahmad, *al-Musnad*, t. 4, p. 32 et d'autres. Sa chaîne de transmission est authentique.

2 Al-Bukhârî, t. 4, p. 131; Muslim, n° 1106.

3 Ahmad, *al-Musnad*, t. 2, p. 185 et 221, ce hadith est faible mais il est appuyé par un autre rapporté par al-Tabarânî, n° 11040 qui l'élève au rang de hadith fiable (*hasan*).

6. La saignée

Elle était parmi les choses qui annulaient le jeûne puis cela fut abrogé. Il est avéré que le Prophète ﷺ s'en faisait faire alors qu'il jeûnait, selon le hadith rapporté par Ibn 'Abbâs ﷺ qui dit :

> « *Le Prophète ﷺ s'est fait faire une saignée alors qu'il jeûnait.* »[1]

7. Goûter de la nourriture

A condition qu'elle n'atteigne pas la gorge. Il a été rapporté qu' Ibn 'Abbâs ﷺ a dit :

لاَ بَأْسَ أَنْ يَذُوقَ الْخَلَّ أَوِ الشَّيْءَ مَا لَمْ يُدْخِلْ حَلْقَهُ وَهُوَ صَائِمٌ.

> « *Nul grief à goûter du vinaigre ou autre chose durant le jeûne tant que cela n'atteint pas la gorge.* »[2]

8. Le khôl (l'antimoine), le collyre et tout ce qui s'administre dans l'œil

Ces choses n'annulent pas le jeûne, même si la personne en trouve le goût dans sa gorge.

C'est vers cet avis que le cheikh de l'Islam Ibn Taymiyya a penché dans son épître *Haqîqat al-Siyyâm* ainsi que son élève Ibn al-Qayyim dans son précieux ouvrage *Zâd al-Ma'âd*.

L'Imam al-Bukhârî rapporte dans son *Sahîh* : « *Anas Ibn Mâlik, al-Hasan al-Basrî et Ibrâhîm al-Nakha'î ne voyaient pas d'inconvénient dans l'usage du khôl pour le jeûneur.* »

---

1 Al-Bukhârî, dans *al-Fath*, t. 4, p. 155.

2 Hadith fiable rapporté par al-Bukhârî, dans *al-Fath*, t. 3, p.153.

9. Le fait de se verser de l'eau froide sur la tête et de se laver

Dans le chapitre : « *Le lavage du jeûneur* », al-Bukhârî ﷺ a dit: « Ibn 'Umar a mouillé son habit[1], puis il l'a mis sur lui alors qu'il jeûnait. Et al-Sha'bî est rentré au hammam alors qu'il jeûnait. Al-Hasan a dit: " Nul grief à se rincer la bouche et à se rafraîchir avec de l'eau pendant le jeûne ".»[2]

En effet, le Prophète ﷺ versait de l'eau sur sa tête pendant qu'il jeûnait suite à la soif ou la chaleur[3].

1 Pour se rafraîchir. NDT

2 Al-Albânî, *Mukhtasar Sahîh al-Bukhârî*, n° 451; *Taghlîq al-Ta'lîq*, t. 3, p. 152-153.

3 Abû Dâwud, h. n° 2365; Ahmad, *al-Musnad*, t. 5, p. 376, 380, 408, 430. Sa chaîne de transmission est authentique.

Allah ﷻ veut pour vous la facilité, Il ne vous veut pas la difficulté

1. Le voyageur

Des hadiths authentiques laissent le choix au voyageur en ce qui concerne le jeûne, sans oublier que cette grâce divine est mentionnée dans le Livre glorieux (le Coran).

En effet, le Tout-Miséricordieux, le Clément a dit : 73

وَمَن كَانَ مَرِيضًا أَوْ عَلَىٰ سَفَرٍ فَعِدَّةٌ مِّنْ أَيَّامٍ أُخَرَ يُرِيدُ ٱللَّهُ بِكُمُ ٱلْيُسْرَ وَلَا يُرِيدُ بِكُمُ ٱلْعُسْرَ

﴿Et quiconque est malade ou en voyage, alors qu'il jeûne un nombre égal d'autres jours. Allah veut pour vous la facilité, Il ne vous veut pas la difficulté.﴾

(le Coran, *al-Baqara* : 185)

Hamza Ibn 'Amr al-Aslamî a questionné le Messager d'Allah ﷺ : « *Puis-je jeûner durant le voyage ?* » – il jeûnait beaucoup – le Messager ﷺ lui a répondu :

صُمْ إِنْ شِئْتَ وَأَفْطِرْ إِنْ شِئْتَ.

« *Jeûne si tu veux ou romps [le jeûne] si tu veux* »[1].

1 Al-Bukhârî, t. 4, p. 156; Muslim, n° 1121.

Anas Ibn Mâlik ﷺ a dit : « J'ai voyagé avec le Messager d'Allah ﷺ pendant le mois de Ramadan. Et il n'a blâmé ni celui qui jeûnait par rapport à celui qui ne jeûnait pas ni celui qui ne jeûnait pas par rapport à celui qui jeûnait.»[1]

Ces hadiths évoquent la liberté de choix sans donner la préférence à aucun des deux cas.

Mais il est possible de s'appuyer sur des hadiths généraux pour indiquer qu'il est préférable de ne pas jeûner [durant le voyage]. Parmi ces hadiths figure la parole du Prophète ﷺ :

إِنَّ اللهَ يُحِبُّ أَنْ تُؤْتَى رُخَصُهُ كَمَا يَكْرَهُ أَنْ تُؤْتَى مَعْصِيَتُهُ.

« *Allah aime qu'on profite de Ses licences (facilités) au même titre qu'Il déteste qu'on Lui désobéisse.* »[2]

D'après une autre version :

...كَمَا يُحِبُّ أَنْ تُؤْتَى عَزَائِمُهُ.

« *...au même titre qu'Il aime qu'on obéisse à Ses ordres* »[3].

Cela est relatif au cas où le fait de reporter ou de refaire le jeûne ne serait pas un inconvénient [pour le jeûneur], afin que cette licence ne soit pas contraire à son objectif.

Cela a été clairement expliqué par la parole rapportée par Abû Sa'îd al-Khudrî ﷺ qui dit: « *Les compagnons voyaient qu'il était bon de jeûner lorsqu'on en a la force et de le rompre lorsqu'on en ressent une faiblesse.* »[4]

---

1 Al-Bukhârî, t. 4, p. 163; Muslim, n° 1118.

2 Ahmad, t. 2, p. 108 ; Ibn Hibbân, n° 2742, avec une chaîne de transmission authentique d'après 'Abd Allah Ibn 'Umar.

3 Ibn Hibbân, n° 354, hadith authentique d'après Ibn 'Abbâs.

4 Hadith authentique rapporté par al-Tirmidhî, n° 713, avec une chaîne de transmission authentique.

Sache frère de foi, qu'Allah te guide vers le droit chemin et la piété et t'accorde la compréhension de cette religion, que si le jeûne devient difficile pour le serviteur, il n'est guère pieux de jeûner durant le voyage. Bien au contraire, il est préférable auprès d'Allah de rompre le jeûne. Ceci est appuyé par le hadith rapporté par de nombreux compagnons où le Prophète ﷺ dit :

لَيْسَ مِنَ الْبِرِّ الصِّيَامُ فِي السَّفَرِ.

« Il ne fait pas partie de la bonté pieuse de jeûner durant le voyage »[1].

Remarque :

Il se peut que certains s'imaginent faussement qu'il n'est pas permis de rompre le jeûne en voyage de nos jours. Ainsi, ils blâment toute personne profitant d'une telle licence divine. Ou ils pensent qu'il vaut mieux jeûner, vu la facilité et le confort offerts par les moyens de transport actuels. Nous attirons l'attention de ces derniers sur la parole du Connaisseur du futur et du présent disant :

وَمَا كَانَ رَبُّكَ نَسِيًّا

﴿ Ton Seigneur n'est guère oublieux ! ﴾

(le Coran, *Maryam* : 64)

Et Sa parole disant :

وَٱللَّهُ يَعْلَمُ وَأَنتُمْ لَا تَعْلَمُونَ

﴿ Et Allah sait alors que vous ne savez pas. ﴾

(le Coran, *al-Baqara* : 232)

1 Al-Bukhârî, t. 4, p. 161; Muslim, n° 1115, d'après Jâbir Ibn 'Abd Allah.

Ainsi que celle citée dans le verset autorisant la rupture du jeûne pendant le voyage : ﴾Il ne vous veut pas la difficulté.﴿

Cela signifie que la facilité pour le voyageur est une chose voulue par Allah. D'autant plus, elle fait partie des objectifs généraux de cette religion indulgente, instaurée par le Créateur du temps, de l'espace et de l'homme. Donc, Il connaît mieux les besoins de l'homme, ce qui lui convient et ce qui ne lui convient pas. Le Tout-Puissant et Majestueux dit :

أَلَا يَعْلَمُ مَنْ خَلَقَ وَهُوَ ٱللَّطِيفُ ٱلْخَبِيرُ

﴾Ne connaît-Il pas ce qu'Il a crée alors que c'est Lui le Compatissant, le Parfaitement Connaisseur ?﴿

(le Coran, *al-Mulk* : 14)

Nous mentionnons cela afin que le Musulman sache qu'une fois qu'Allah ﷻ et Son Messager ﷺ ont décidé quelque chose pour lui, il ne lui appartient pas d'avoir le choix dans sa façon d'agir. Bien au contraire, il doit dire avec les serviteurs croyants, soumis à Allah qui ne devancent pas la parole d'Allah et celle de Son Messager :

سَمِعْنَا وَأَطَعْنَا غُفْرَانَكَ رَبَّنَا وَإِلَيْكَ ٱلْمَصِيرُ

﴾Nous avons entendu et obéi, Seigneur nous implorons Ton Pardon. C'est vers Toi que sera le retour.﴿

(le Coran, *al-Baqara* : 285)

2. Le malade

Allah ﷻ a autorisé au malade de rompre le jeûne par clémence et comme facilité pour lui. En effet, la maladie qui autorise la rupture du jeûne est celle qui peut s'aggraver par le jeûne, engendrer une complication ou retarder une guérison. Et Allah est le Meilleur Connaisseur.

3. La femme indisposée ou après un accouchement (lochies)

Les savants sont unanimes sur le fait que les femmes en état de règle ou après un accouchement ne sont pas autorisées à jeûner. Elles doivent rompre le jeûne et refaire un nombre égal dc jours par la suite.

Si elles jeûnent dans [cet état], leur jeûne n'est pas valable. Ce point sera abordé plus tard en détail, si Allah ﷻ le veut.

4. Les personnes âgées

Ibn 'Abbâs ؓ a dit : « *Le vieillard et la vieille femme ne sont pas capables de jeûner. Par conséquent, chacun d'entre eux doit nourrir un pauvre par jour de jeûne non fait* »[1].

Al-Dâraqutnî (t. 2, p. 207) a rapporté – en l'authentifiant – une version de Mansûr d'après Mujâhid que lorsque Ibn 'Abbâs ؓ a récité : ﴿ Mais pour ceux qui ne pourraient le supporter, il y a une compensation : nourrir un pauvre ﴾ (le Coran, *al-Baqara* : 184), il a dit : « Il s'agit du vieillard qui n'arrive pas à jeûner. Il rompt le jeûne et pour chaque jour [de jeûne], il nourrit un pauvre d'une moitié de *Sâ*' de froment. »[2]

D'après Abû Hurayra ؓ : « *Quiconque atteint la vieillesse sans pouvoir jeûner doit pour chaque jour [de jeûne] donner un Mudd de blé* »[3].

Anas Ibn Mâlik a dit qu'une année il n'a pas pu jeûner. Puis, il a préparé un plat de *Tharîd*[4] et invité trente pauvres qu'il a rassasié.[5]

1 Al-Bukhârî, n° 4505.

2 Voir Ibn Hajar, *Fath al-Bârî*, t. 8, p. 180.

3 Hadith rapporté par al-Dâraqutnî, t. 2, p. 208. Il y a une faiblesse dans la chaîne de transmission mais il a d'autres voies qui le renforcent.

4 Le *Tharîd* est un met composé de pain et de sauce de l'époque. NDT

5 Hadith authentique rapporté par al-Dâraqutnî, t. 2, p. 207, avec une chaîne authentique.

5. La femme enceinte et la nourrice

Par compassion, Allah ﷻ a autorisé Ses faibles serviteurs à rompre le jeûne. Parmi ceux-ci figurent la femme enceinte et la mère qui allaite. Anas Ibn Mâlik[1] ﷺ a dit : « *La cavalerie du Messager ﷺ chargea notre tribu. Je vins auprès du Messager ﷺ alors qu'il prenait le déjeuner. Il ﷺ me dit :*

« *Approche-toi et mange !* »

Je l'informai alors de mon jeûne. Il ﷺ me dit ensuite :

ادْنُ أُحَدِّثْكَ عَنِ الصَّوْمِ - أَوِ الصِّيَامِ ؛ إِنَّ اللهَ تَبَارَكَ وَتَعَالَى وَضَعَ عَنِ الْمُسَافِرِ شَطْرَ الصَّلَاةِ، وَعَنِ الْحَامِلِ وَالْمُرْضِعِ الصَّوْمَ - أَوِ الصِّيَامَ.

« *Approche-toi que je te parle du jeûne. En effet, Allah bénit et Exalté soit-Il, a dispensé le voyageur de la moitié de la prière; la femme enceinte et la mère nourrice du jeûne* ».

Par Allah, le Prophète cita les deux cas ou l'un d'entre eux. Hélas, si seulement j'avais mangé du repas du Prophète ﷺ ».[2]

1 Il ne s'agit pas de Anas Ibn Mâlik al-Ansârî le serviteur du Prophète ﷺ, mais d'un homme faisant partie des enfants de 'Abd Allah Ibn Ka'b.

2 Al-Tirmidhî, n° 715 ; al-Nasâ'î, t. 4, p. 180 et d'autres. Sa chaîne de transmission est fiable (*hasan*) comme l'a affirmé al-Tirmidhî.

La rupture du jeûne

1. Quand rompre le jeûne

Allah ﷻ dit :

ثُمَّ أَتِمُّوا۟ ٱلصِّيَامَ إِلَى ٱلَّيْلِ

﴿Puis observez le jeûne jusqu'à la nuit.﴾

(le Coran, *al-Baqara* : 187)

Le Messager d'Allah ﷺ a expliqué cela par la venue de la nuit, le départ de la journée et la disparition du disque solaire. Nous avons déjà cité ce qui apaise le cœur du Musulman qui suit la voie du Prophète ﷺ.

Serviteur d'Allah, voilà devant toi les paroles du Messager d'Allah ﷺ que tu viens de lire, et voilà son attitude ainsi que celle de ses compagnons ﷸ que tu viens d'apprendre. Sache qu'ils [les Compagnons] n'ont fait que suivre le modèle du Messager, pas à pas.

'Abd al-Razzâq a rapporté dans *al-Musannaf* (n° 7591) via une voie qu'a authentifiée Ibn Hajar dans *al-Fath* (t. 4, p. 199) et al-Haythamî dans *Majma' al-Zawâ'id* (t. 3, p. 154) que 'Amr Ibn Maymûn al-Awdî a dit: « *Les compagnons de Muhammad ﷺ étaient les plus prompts à rompre le jeûne et les derniers à prendre le repas du Sahûr.* »

2. Hâter la rupture du jeûne

Donc, frère dans la foi, tu dois rompre le jeûne lorsque le soleil se couche sans tenir compte de la rougeur qui reste à l'horizon. Car ainsi, tu suis la sunna de ton Prophète ﷺ et fais le contraire des juifs et chrétiens qui la retardent jusqu'à l'apparition des étoiles[1].

En outre, le fait de suivre le chemin du Messager ﷺ et sa sunna est une manifestation d'un des signes distinctifs de cette religion et de notre fierté de la voie que nous suivons et à laquelle nous souhaitons que tous les hommes et djinns se conforment.

Cela est élucidé par les hadiths de l'élu [*al-Mustafâ*] ﷺ à travers les paragraphes suivants :

a) *Hâter la rupture du jeûne rapporte le bien*

D'après Sahl Ibn Sa'd ؓ, le Messager ﷺ a dit :

لاَ يَزَالُ النَّاسُ بِخَيْرٍ مَا عَجَّلُوا الْفِطْرَ.

« Les gens se porteront bien tant qu'ils hâteront la rupture du jeûne »[2].

b) *Hâter la rupture du jeûne est la sunna du Messager* ﷺ

Lorsque la communauté musulmane hâte la rupture de jeûne, elle reste sur la sunna du Messager ﷺ et la voie des pieux prédécesseurs. Elle ne sera jamais égarée – si Allah le veut – tant qu'elle s'y tient fermement, rejetant toute chose qui altère ces principes. Sahl Ibn Sa'd a rapporté que le Messager ﷺ a dit :

لاَ تَزَالُ أُمَّتِي عَلَى سُنَّتِي مَا لَمْ تَنْتَظِرْ بِفِطْرِهَا النُّجُومَ.

1 Jusqu'à ce que la nuit soit complètement tombée. NDT
2 Al-Bukhârî, t. 4, p. 173 ; Muslim, n° 1093.

« Ma communauté restera sur ma sunna tant qu'elle ne retarde pas la rupture du jeûne jusqu'à l'apparition des étoiles »[1].

c) *Hâter la rupture du jeûne c'est faire le contraire des égarés et de ceux qui ont encouru la colère d'Allah*

Les gens seront bien tant qu'ils empruntent la voie de leur Messager et observent sa sunna. Dès lors, l'Islam demeure apparent et vainqueur, et quiconque s'y oppose ne lui nuira en rien. Par conséquent, la communauté musulmane sera une source de lumière qui éclaire les ténèbres et un modèle suivi. A ce moment, elle ne sera pas une marionnette entre les mains des peuples de l'Est ou de l'Ouest, ni une ombre à tout imposteur. Et elle ne vacillera plus avec le vent là où il souffle. D'après Abû Hurayra ﷺ le Prophète ﷺ a dit :

لاَ يَزَالُ الدِّينُ ظَاهِرًا مَا عَجَّلَ النَّاسُ الْفِطْرَ، لِأَنَّ الْيَهُودَ وَالنَّصَارَى يُؤَخِّرُونَ.

« La religion demeurera apparente tant que les gens hâteront la rupture du jeûne. Car les juifs et les chrétiens [la] retardent »[2].

Ces hadiths cités ci-dessus comportent des idées profitables et d'importantes leçons à tirer. Il s'agit des points suivants :

1 Ibn Hibbân, n° 891. Remarque : les chiites duodécimains ont imité la pratique des juifs et des chrétiens en retardant la rupture du jeûne jusqu'à ce que la nuit soit complètement tombée. Qu'Allah nous préserve de leur égarement !

2 Hadith fiable rapporté par Abû Dâwud, t. 2, p. 305 ; Ibn Hibbân, n° 224.

a. La prééminence de cette religion dépend du fait de contredire les gens du Livre. Cela indique que la communauté musulmane obtiendra tout le bien tant qu'elle restera une nation distincte. Si elle fait de la sorte, elle deviendra comme un grain de beauté parmi les autres nations, attirant les regards et les cœurs vers elle. Mais elle ne sera ainsi qu'après s'être conformée à l'Islam, en tant que Livre [le Coran], sunna, croyance et voie à suivre.

b. L'attachement à l'Islam veut dire s'y conformer dans ses principes généraux et ses détails, selon la parole divine disant :

يَـٰٓأَيُّهَا ٱلَّذِينَ ءَامَنُوا۟ ٱدْخُلُوا۟ فِى ٱلسِّلْمِ كَآفَّةً وَلَا
تَتَّبِعُوا۟ خُطُوَٰتِ ٱلشَّيْطَـٰنِ ۚ إِنَّهُۥ لَكُمْ عَدُوٌّ مُّبِينٌ

❮Ô les croyants ! Entrez totalement dans la soumission, et ne suivez point les pas du diable, car il est certes pour vous un ennemi déclaré.❯

(le Coran, *al-Baqara* : 208)

Par conséquent, diviser l'Islam en « pelure et noyau »[1] est une innovation d'ignorance récente dont le but est de perturber les musulmans et de les impliquer dans un tourbillon de préoccupations qui n'a aucune source dans la religion d'Allah ﷻ.

En revanche, ses racines remontent à ceux qui encoururent la colère d'Allah ﷻ et qui croient en une partie du Livre en rejetant le reste, ce sont ceux qu'il nous a été ordonné de faire l'opposé de ce qu'ils font en généralité et dans les détails. Le fruit de cet acte étant la prééminence de cette religion.

1 Ceci est une parole erronément utilisée pour exprimer qu'il y a dans la religion des choses qui sont importantes et d'autres qui ne le sont pas. NDT

c. L'anse de l'appel à Allah ﷻ et du rappel aux croyants ne se casse pas. Les graves événements qui ont frappé la communauté musulmane ne nous amènent ni à distinguer entre les cultes, ni à donner préférence à certains par moquerie d'autres de ceux-ci. Nous n'adopterons pas la même attitude que ceux qui disent : « *Ce sont des détails superficiels, controversés et marginaux qu'on doit abandonner en concentrant nos efforts pour faire face à la grave calamité qui a divisé nos rangs et brisé notre unité !* »

Ô Musulman qui appelle avec clairvoyance à Allah ! Voilà que tu as appris les hadiths prophétiques qui indiquent que la prédominance de l'Islam est liée au fait de hâter la rupture du jeûne au moment de la disparition du disque solaire.

Alors, ne craignent-ils pas Allah ceux qui disent que la rupture du jeûne au coucher du soleil est une division et que l'appel à la revivification de cette sunna est en réalité un appel à l'égarement, à l'ignorance et à l'éloignement des musulmans de leur religion ? Selon eux, cet appel n'a aucune valeur et ne parviendra pas à rassembler les musulmans, car il s'agit d'un détail controversé et superficiel. Et il n'y a ni de force, ni de puissance que par Allah ﷻ.

d) *Rompre le jeûne avant la prière du coucher du soleil (al-Maghrib)*

كَانَ رَسُولُ اللهِ ﷺ يُفْطِرُ قَبْلَ أَنْ يُصَلِّيَ.

« *Le Messager ﷺ rompait le jeûne avant de faire la prière* »[1].

Car la hâte de la rupture du jeûne fait partie des qualités des Prophètes. Selon Abû al-Dardâ' ﷺ :

---

1 Abû Dâwud, n° 2356 ; Ahmad, *al-Musnad*, t. 3, p. 164, avec une chaîne de transmission fiable.

ثَلَاثَةٌ مِنْ أَخْلَاقِ النُّبُوَّةِ : تَعْجِيلُ الْإِفْطَارِ، وَتَأْخِيرُ السَّحُورِ، وَوَضْعُ الْيَمِينِ عَلَى الشِّمَالِ فِي الصَّلَاةِ.

« *Trois choses font partie des comportements de la Prophétie: la hâte de la rupture du jeûne, le retardement du Sahûr et poser la main droite sur la gauche dans la prière* »[1].

3. Avec quoi rompt-on le jeûne ?

Le Messager d'Allah ﷺ incitait sa communauté à rompre le jeûne avec des dattes, sinon avec de l'eau. Ceci fait partie de sa compassion envers sa communauté en tâchant de leurs donner des bons conseils.

Le Seigneur de l'Univers qui a envoyé Muhammad ﷺ comme miséricorde pour toutes les créatures a dit :

لَقَدْ جَآءَكُمْ رَسُولٌ مِّنْ أَنفُسِكُمْ عَزِيزٌ عَلَيْهِ مَا عَنِتُّمْ حَرِيصٌ عَلَيْكُم بِٱلْمُؤْمِنِينَ رَءُوفٌ رَّحِيمٌ

﴿Certes, un Messager pris parmi vous est venu à vous, auquel pèsent lourd les difficultés que vous subissez, qui est plein de sollicitude pour vous, qui est compatissant et miséricordieux envers les croyants.﴾

(le Coran, *al-Tawba* : 128)

Le fait de donner à l'estomac vide un aliment sucré facilite la digestion et l'assimilation, qui plus est si le corps est sain. Quant à l'eau, l'organisme subit durant le jeûne une sorte de déshydratation.

---

1 Al-Tabarânî, *al-Mu'jam al-Kabîr*, t. 2, p. 105, ainsi cité dans *Majma' al-Zawâ'id*. Le hadith est *mawqûf*, mais il a le statut du hadith *marfû'* [qui remonte au Prophète ﷺ].

Lorsqu'on lui fournit de l'eau, l'assimilation et le profit tirés de la nourriture deviennent complets.

Serviteur obéissant à Allah ! Sache que dans les dattes ainsi que dans l'eau, il y a de la bénédiction et des propriétés particulières en ce qui concerne la purification des cœurs que seuls ceux qui suivent la bonne voie connaissent. Anas Ibn Mâlik ﷺ a dit :

كَانَ النَّبِيُّ ﷺ يُفْطِرُ عَلَى رُطَبَاتٍ قَبْلَ أَنْ يُصَلِّيَ، فَإِنْ لَمْ يَكُنْ رُطَبَاتٌ، فَتَمَرَاتٌ، فَإِنْ لَمْ يَكُنْ تَمَرَاتٌ حَسَا حَسَوَاتٍ مِنْ مَاءٍ.

« Le Prophète ﷺ rompait le jeûne avec des dattes fraîches avant de faire la prière. Si ce n'étaient des dattes fraîches, alors d'autres sèches. Sinon il buvait quelques gorgées d'eau »[1].

4. Que dire lors de la rupture du jeûne ?

Frère jeûneur, qu'Allah nous aide ensemble à suivre la sunna de Son Prophète ﷺ, sache que tu as une invocation exaucée alors profites-en, et invoque Allah en ayant la certitude d'obtenir l'exaucement. Sache qu'Allah n'exauce pas une invocation formulée par un cœur insouciant et inattentif. Demande-lui tout ce que tu souhaites comme bien de ce bas-monde et celui de l'au-delà. Abû Hurayra ﷺ a rapporté que le Prophète ﷺ a dit :

ثَلاثُ دَعْوَاتٍ مُسْتَجَابَاتٌ: دَعْوَةُ الصَّائِمِ، دَعْوَةُ الْمَظْلُومِ، دَعْوَةُ الْمُسَافِرِ.

---

1 Hadith authentique rapporté par al-Tirmidhî, t. 3, p. 70, d'après Anas Ibn Mâlik.

« Il y a trois invocations exaucées : celle du jeûneur, de la victime d'une injustice et du voyageur »[1].

Cette invocation exaucée est à dire lors de la rupture de ton jeûne. Selon le hadith rapporté par Abû Hurayra ﷺ dans lequel le Prophète ﷺ dit :

ثَلَاثٌ لَا تُرَدُّ دَعْوَتُهُمْ : الصَّائِمُ حِينَ يُفْطِرُ، وَالْإِمَامُ الْعَدْلُ، وَدَعْوَةُ الْمَظْلُومِ.

« Il y a trois types de personnes dont l'invocation n'est pas rejetée : le jeûneur au moment de la rupture de son jeûne, le gouvernant juste et la victime d'une injustice »[2].

D'après 'Abd Allah Ibn 'Amr Ibn al-'Âs, le Messager ﷺ a dit :

إِنَّ لِلصَّائِمِ عِنْدَ فِطْرِهِ لَدَعْوَةً مَا تُرَدُّ.

« Certes, le jeûneur a, lors de la rupture de son jeûne, une invocation qui n'est guère rejetée »[3].

Les meilleures invocations à formuler sont celles qui ont été rapportées par le Prophète ﷺ. En effet, il disait lorsqu'il rompait son jeûne :

ذَهَبَ الظَّمَأُ وَابْتَلَّتِ الْعُرُوقُ، وَثَبَتَ الْأَجْرُ إِنْ شَاءَ اللهُ.

---

1 Al-'Uqaylî dans *al-Du'afâ'*, t. 1, p. 72. Sa chaîne de transmission est authentique, sauf Yahyâ Ibn Abî Kathîr. Mais il est appuyé par le hadith suivant.

2 Al-Tirmidhî, n° 2528 ; Ibn Hibbân, n° 2407. Sa chaîne de transmission comporte un inconnu qui est Abû Mudilla, mais il est appuyé par le hadith précédent.

3 Ibn Mâjah, t. 1, p. 557; al-Hâkim, t. 1, p. 422; Ibn Sunnî, n° 128; al-Tayâlisî, n° 299. Al-Bûsîrî, t. 2, p. 81 dit : « *Cette chaîne est authentique et ses transmetteurs sont sûrs.* »

« Dhahaba al-Zama' wa-btallati al-'Urûqu wa thabata al-Ajru inshâ'a-llâh. »

« La soif est partie, les veines sont irriguées et la récompense est confirmée si Allah le veut»[1].

5. Nourrir le jeûneur

Frère, qu'Allah te bénisse et te guide vers les bonnes œuvres et la piété, tâche de nourrir un jeûneur, car cela t'octroie une énorme récompense et un immense bien. Dans un hadith, le Prophète ﷺ dit :

مَنْ فَطَّرَ صَائِمًا كَانَ لَهُ مِثْلُ أَجْرِهِ غَيْرَ أَنَّهُ لاَ يُنْقِصُ مِنْ أَجْرِ الصَّائِمِ شَيْئًا.

« Quiconque nourrit un jeûneur au moment de la rupture du jeûne aura la même récompense [que celle du jeûneur] sans que celle-ci ne diminue pour celui qui jeûne[2] *».*[3]

Lorsque le jeûneur est invité, il doit répondre à l'invitation car quiconque ne répond pas à une invitation aura désobéi au Prophète ﷺ.

Il doit avoir la certitude que cela ne gâche en rien ses bons actes et ne diminue point sa récompense.

Il est conseillé que l'invité fasse une invocation à celui qui l'a invité après avoir fini de manger. Il y a plusieurs invocations rapportées par notre Prophète ﷺ à cette occasion. Parmi celles-ci :

---

1 Rapporté par Abû Dâwud, t. 2, p. 306 ; al-Bayhaqî, t. 4, p. 239 et d'autres. Sa chaîne de transmission est fiable (*hasan*).

2 Cela même si le premier n'a pas jeûné ce jour là. Celui qui a réellement jeûné conserve quant à lui sa récompense. NDT

3 Hadith rapporté par Ahmad, t. 4, p. 114-115, 116, 5/192; al-Tirmidhî, n° 804 et d'autres. Il a été authentifié par al-Tirmidhî et il en est ainsi.

أَكَلَ طَعَامَكُمُ الْأَبْرَارُ، وَصَلَّتْ عَلَيْكُمُ الْمَلَائِكَةُ، وَأَفْطَرَ عِنْدَكُمُ الصَّائِمُونَ.

« Akala ṯa'âmakumu-l-Abrâr, wa ṯallat 'alaykumu-l-Malâ'ika, wa-afṯara 'indakumu-ṯṯ-â'imûn. »

« Que votre nourriture soit consommée par les pieux, que les anges prient sur vous et que les jeûneurs rompent leur jeûne chez vous »[1].

اَللَّهُمَّ أَطْعِمْ مَنْ أَطْعَمَنِي، وَاسْقِ مَنْ سَقَانِي.

« Allahumma-ṯ-'im man aṯ'amanî, wa-s-qi man saqânî. »

« Ô Allah ! Nourris celui qui m'a nourri et donne à boire à celui qui m'a donné à boire »[2].

اَللَّهُمَّ اغْفِرْ لَهُمْ وَارْحَمْهُمْ وَبَارِكْ فِيمَا رَزَقْتَهُمْ.

« Allahumma-ghfir lahum wa-rẖamhum wa bârik fîmâ razaqtahum. »

« Ô Allah ! Pardonne-leur, fais-leur miséricorde et bénis ce que Tu leur as accordé comme bien »[3].

1 Rapporté par Ibn Abî Shayba, t. 3, p. 100 ; Aẖmad, t. 3, p. 118 et d'autres. Sa chaîne de transmission est authentique.

2 Muslim, n° 2055 d'après al-Miqdâd Ibn al-Aswad.

3 Muslim, n° 2042 d'après 'Abd Allah Ibn Busr.

Actes corrupteurs du jeûne

Il incombe au jeûneur d'éviter de nombreuses choses, sinon son jeûne sera annulé et ses péchés augmenteront. Ces choses sont:

1. Manger et boire volontairement

Le Tout-Puissant a dit :

وَكُلُوا۟ وَٱشْرَبُوا۟ حَتَّىٰ يَتَبَيَّنَ لَكُمُ ٱلْخَيْطُ ٱلْأَبْيَضُ مِنَ ٱلْخَيْطِ ٱلْأَسْوَدِ مِنَ ٱلْفَجْرِ ۖ ثُمَّ أَتِمُّوا۟ ٱلصِّيَامَ إِلَى ٱلَّيْلِ ۚ

﴾Mangez et buvez jusqu'à ce que se distingue pour vous, le fil blanc du fil noir de l'aube. Puis observez le jeûne jusqu'à la nuit.﴿

(le Coran, *al-Baqara* : 187)

Ceci indique que l'abstinence concerne la nourriture et la boisson. Par conséquent, à partir du moment où le jeûneur mange ou boit, il a rompu le jeûne. Ce lorsqu'il le fait volontairement. Car si le jeûneur le fait par oubli, erreur ou par contrainte, il n'encourt rien. Les preuves sont les suivantes :

- Le Prophète ﷺ dit :

إِذَا نَسِيَ فَأَكَلَ وَشَرِبَ فَلْيُتِمَّ صَوْمَهُ فَإِنَّمَا أَطْعَمَهُ اللهُ وَسَقَاهُ.

« Si par oubli, [le jeûneur] mange et boit, qu'il achève son jeûne. Car c'est Allah qui l'aura nourri et abreuvé »[1].

- Il dit ﷺ :

إِنَّ اللهَ وَضَعَ عَنْ أُمَّتِي الخَطَأَ وَالنِّسْيَانَ وَمَا اسْتُكْرِهُوا عَلَيْهِ.

« Allah a déchargé [les membres] de ma communauté de l'erreur involontaire, de l'oubli et de ce qu'ils font sous la contrainte »[2].

2. Le vomissement volontaire

Celui qui vomit involontairement n'encourt rien. Le Messager d'Allah ﷺ dit :

مَنْ ذَرَعَهُ القَيْءُ فَلَيْسَ عَلَيْهِ قَضَاءٌ وَمَنِ اسْتَقَاءَ فَلْيَقْضِ.

« Celui qui vomit involontairement ne doit pas s'acquitter de son jeûne. Quant à celui qui provoque le vomissement, il doit s'acquitter de son jeûne »[3].

3. Les menstrues et les lochies

Lorsque la femme a ses règles ou accouche, que ce soit au début ou à la fin de la journée, elle doit manger et s'acquitter de son jeûne. Si elle jeûne, celui-ci n'est pas valable.

---

1 Al-Bukhârî, t. 4, p. 135; Muslim, n° 1155.

2 Hadith authentique rapporté par al-Hâkim, t. 2, p. 198 ; al-Dâraqutnî, t. 4, p. 171, d'après Ibn 'Abbâs ﷻ.

3 Hadith authentique rapporté par Abû Dâwud, t. 2, p. 310 et d'autres, d'après Abû Hurayra ﷻ.

Le Prophète ﷺ dit :

أَلَيْسَ إِذَا حَاضَتْ لَمْ تُصَلِّ وَلَمْ تَصُمْ ؟ قُلْنَ : بَلَى، قَالَ : فَذَلِكَ نُقْصَانُ دِينِهَا.

« N'est-ce pas que lorsque la femme a ses règles, elle ne prie pas et ne jeûne pas ? »

Elles [Ses épouses] dirent : « *Bien sûr* ».

Alors, il répondit:

« C'est cela son manque de religion ! »

Selon une autre version, il a dit ﷺ :

تَمْكُثُ اللَّيَالِي مَا تُصَلِّي، وَتُفْطِرُ فِي رَمَضَانَ فَهَذَا نُقْصَانُ دِينِهَا.

« [La femme] passe des nuits sans prier et elle rompt le jeûne durant le mois de Ramadan, voilà son manque de religion »[1].

Quant à l'ordre de s'acquitter du jeûne passé, cela fut cité par le hadith rapporté par Mu'âdha qui dit: «*J'ai demandé à 'Âisha: "Pourquoi la femme qui a ses règles doit-elle s'acquitter du jeûne passé et non pas de la prière ?"*

'Âisha ﵂ dit: «*Ne serais-tu pas harûrite*[2] *?!* »

Mu'âdha dit : «*Je ne suis pas harûrite mais je veux savoir tout simplement*». 'Âisha ﵂ répondit alors : «*En effet, cela nous arrivait et il était ordonné de nous acquitter des jours de jeûne passés et non de la prière.*»[3]

1 Rapporté par Muslim , n° 79 et 80, d'après Ibn 'Umar et Abû Hurayra ﵄.

2 *Al-Harûrî* vient de *Harûrâ'*, village à deux miles de Kûfa (une ville d'Irak). Il est dit de celui qui a la croyance des Kharijites: *harûrî.* Car, les premiers Kharijites qui se sont rebellés contre 'Alî ﵁ viennent de cette ville. Ceux-ci obligeaient la femme à s'acquitter des prières passées une fois qu'elle s'était purifiée de ses règles.

3 Al-Bukhârî, t. 4, p. 429; Muslim, n° 335.

4. Les injections nutritives

Il s'agit de faire parvenir des substances nutritives à l'intestin dans le but d'alimenter le malade. Ce moyen annule le jeûne, car il consiste à introduire ces substances dans le tube digestif.

Ces substances nutritives annulent également le jeûne lorsqu'elles sont injectées dans le sang, car elles remplacent la nourriture et la boisson.

Beaucoup de malades qui tombent dans un coma profond sont nourris via ce moyen de perfusion de glucose ou d'autres aliments.

En ce qui concerne les substances administrées aux personnes atteintes d'asthme bronchique, elles annulent également le jeûne.

5. Le rapport sexuel

Dans *al-Darârî al-Mudiyya* (t. 2, p. 22), al-Shawkânî ﷺ a dit : « *Point de divergence quant au fait que le rapport sexuel volontaire annule le jeûne. Mais lorsqu'il a lieu par oubli, certains savants assimilent ce cas à la situation de celui qui mange ou boit par oubli* ».

Dans *Zâd al-Ma'âd* (t. 2, p. 60), Ibn al-Qayyim ﷺ dit : « *Le fait que le Coran ait indiqué que le rapport conjugal rompt le jeûne au même titre que la nourriture et la boisson n'est guère controversé* ».

Dans le livre du Tout-Puissant et Majestueux, la preuve de cela est :

فَٱلْـَٔـٰنَ بَـٰشِرُوهُنَّ وَٱبْتَغُوا۟ مَا كَتَبَ ٱللَّهُ لَكُمْ

﴾ Cohabitez donc avec elles, maintenant, et cherchez ce qu'Allah a prescrit en votre faveur ﴿

(le Coran, *al-Baqara* : 187)

Ainsi, Allah a autorisé la cohabitation, ce qui fait allusion au fait que le jeûne est l'abstention de l'acte sexuel, de la nourriture et de la boisson.

Donc, quiconque annule son jeûne par un acte sexuel doit s'en acquitter par une compensation et une expiation.

Ceci est indiqué par ce qu'a rapporté Abû Hurayra ﷺ quand il relate l'histoire suivante à propos du Messager d'Allah ﷺ : « Un homme vint au Prophète ﷺ et lui dit : "*Ô Messager d'Allah ! Me voilà perdu*". Le Prophète ﷺ dit :

وَمَا أَهْلَكَكَ ؟

« *Qu'est-ce qui t'a fait perdre ?* »

L'homme répondit : « *J'ai eu [des relations sexuelles] avec ma femme durant le Ramadan !* »

Le Prophète ﷺ dit :

هَلْ تَسْتَطِيعُ أَنْ تَعْتِقَ رَقَبَةً ؟

« *Trouves-tu de quoi affranchir un esclave ?* »

« *Non* », répondit l'homme.

هَلْ تَسْتَطِيعُ أَنْ تَصُومَ شَهْرَيْنِ مُتَتَابِعَيْنِ ؟

« *Peux-tu jeûner deux mois de suite ?* », dit le Prophète ﷺ.

« *Non* », répondit l'homme.

هَلْ تَسْتَطِيعُ أَنْ تُطْعِمَ سِتِّينَ مِسْكِينًا ؟

« *Trouves-tu de quoi nourrir soixante pauvres ?* », dit le Prophète ﷺ.

« *Non plus* », dit-il. L'homme s'assit. A ce moment là, on apporta un grand panier de dattes au Prophète ﷺ.

« *Prends ces dattes et distribue-les aux pauvres* », lui dit le Prophète ﷺ.

« *A qui les donner ? Y a-t-il quelqu'un de plus démunis que nous entre ces deux montagnes ?* », répondit l'homme. Le Prophète ﷺ rit alors et lui dit :

« *Va et nourris ta famille !* »[1]

1 Al-Bukhârî, t. 11, p. 516; Muslim, n° 1111.

L'acquittement compensatoire (*al-Qa<u>d</u>â'*)

Sache ô Musulman, qu'Allah nous accorde ainsi qu'à toi la compréhension de la religion, que l'acquittement du jeûne manqué n'est pas exigé immédiatement dès la fin du Ramadan. Cela peut-être largement reporté comme nous le confirme 'Âisha ﷺ qui dit : « *Il arrivait que j'eusse [des jours] de jeûne manqué que je ne pouvais récupérer que durant le mois de Sha'bân*[1]. »

L'érudit Ibn Hajar a dit dans son ouvrage *al-Fath* (4/191) : « *Ce hadith indique la permission de retarder d'une manière absolue la compensation des jours manqués du Ramadan, que ce soit suite à une excuse ou non.* »

Mais il est évident que hâter l'acquittement compensatoire est préférable à son retardement, principe appuyé par le verset coranique qui dit :

وَسَارِعُوٓاْ إِلَىٰ مَغۡفِرَةٖ مِّن رَّبِّكُمۡ

﴿Et concourez au pardon de votre Seigneur !﴾ (le Coran, *Âl 'Imrân* : 133)

Et par la parole du Tout-Puissant et Majestueux :

أُوْلَٰٓئِكَ يُسَٰرِعُونَ فِي ٱلۡخَيۡرَٰتِ وَهُمۡ لَهَا سَٰبِقُونَ

1 Al-Bukhârî, t. 4, p. 166; Muslim, n° 1146.

﴾Ceux-là se précipitent vers les bonnes actions et sont les premiers à les accomplir.﴿

(le Coran, *al-Mu'minûn* : 61)

Il n'est pas obligatoire de compenser sans interruption les jours de jeûne manqué en appliquant à l'acquittement compensatoire les règles de l'accomplissement du jeûne de Ramadan. Car le Très-Haut dit :

فَعِدَّةٌ مِّنْ أَيَّامٍ أُخَرَ

﴾(Il) devra jeûner un nombre égal d'autres jours.﴿

(le Coran, *al-Baqara* : 185)

À ce sujet, Ibn 'Abbâs ﷺ a dit : « *Il n'y a nul grief de répartir [les jours de compensation].* »[1]

Abû Hurayra ﷺ a dit : « *Il a le choix de refaire [les jours de jeûne manqué] par nombre impair.*[2] »[3]

Quant à ce qui est rapporté par al-Bayhaqî (t. 4, p. 259) et al-Dâraqutnî (t. 2, p. 191-192) d'après 'Abd al-Rahmân Ibn Ibrâhîm d'après al-'Alâ' Ibn 'Abd al-Rahmân selon son père, d'après Abû Hurayra ﷺ, le Prophète ﷺ aurait dit :

مَنْ كَانَ عَلَيْهِ صَوْمٌ مِنْ رَمَضَانَ فَلْيَسْرُدْهُ وَلَا يَقْطَعْهُ.

« *Celui qui a des jours de jeûne à compenser doit les faire sans interruption* ».

1 Al-Bukhârî par une chaîne de transmission suspendue que 'Abd al-Razzâq et al-Dâraqutnî ont complété avec une chaîne de transmission authentique. Voir *Taghlîq al-Ta'lîq*, t. 3, p. 186.

2 C'est-à-dire qu'il jeûne un jour sur deux s'il le désire. NDT

3 *Irwâ' al-Ghalîl*, t. 4, p. 95.

Ce hadith est faible pour les raisons suivantes :

- al-Dâraqutnî dit que 'Abd al-Rahmân est faible (*Da'îf*).
- al-Bayhaqî dit qu'il fut discrédité par Ibn Ma'în, al-Nasâ'î et al-Dâraqutnî.
- Dans *al-Talkhîs al-Habîr* (2/206), Ibn Hajar rapporte que Abû Hâtim a rejeté ce même hadith à cause de 'Abd al-Rahmân Ibn Ibrâhîm.
- Dans *Irwâ' al-Ghalîl* (n° 943) notre professeur al-Albânî ﷀ a abordé en détail les lacunes de ce hadith.

Quant à ce qui est mentionné dans *Silsilat al-Ahâdîth al-Da'îfa* (t. 2, p. 137) concernant sa fiabilité, l'auteur (al-Albânî) est revenu sur cet avis. Fais donc attention !

Par conséquent, nous pouvons tirer comme conclusion, qu'il n'existe – à notre connaissance – aucun hadith directement attribué au Prophète ﷺ en ce qui concerne la manière interrompue ou étalée de la compensation.

Le plus facile et le plus plausible est de dire que les deux façons sont permises, ce qui est aussi l'avis adopté par l'Imam des gens de la sunna Ahmad Ibn Hanbal ﷀ.

Abû Dâwud a dit dans son livre *al-Masâ'il* : « J'ai entendu certains interroger Ahmad à propos de la compensation des jours de jeûne manqués pendant le Ramadan. Il a dit : « *Le jeûneur a le choix de les acquitter soit sans interruption soit en les répartissant* ». Et Allah est le Meilleur Connaisseur.

Donc la permission de les répartir n'annule pas la possibilité de les faire sans interruption.

Les savants sont unanimes sur le fait que celui qui meurt en ratant des prières, personne y compris ses héritiers ne doit les refaire à sa place. De même, celui qui se trouve dans l'incapacité de jeûner, personne ne doit jeûner à sa place durant sa vie. Mais il doit nourrir un pauvre pour chaque jour manqué, comme Anas Ibn Mâlik ﷺ a fait selon un texte cité précédemment.

Mais lorsque quelqu'un meurt sans jeûner un jour dont il a pris l'engagement[1] d'accomplir le jeûne, son héritier jeûne à sa place. D'après le hadith où le Prophète ﷺ dit :

مَنْ مَاتَ وَعَلَيْهِ صَوْمٌ صَامَ عَنْهُ وَلِيُّهُ.

« *Celui qui meurt alors qu'il devait accomplir un jeûne, son héritier jeûne à sa place* »[2].

Ibn 'Abbâs ﷺ a rapporté qu'un homme vint trouver le Prophète ﷺ et lui dit : « *Ô Messager d'Allah ! Ma mère est morte alors qu'elle devait jeûner un mois. M'autorises-tu à le faire à sa place ?* »

Il répondit ﷺ :

نَعَمْ فَدَيْنُ اللهِ أَحَقُّ أَنْ يُقْضَى.

« *Oui, car la dette envers Allah est plus digne d'être réglée* »[3].

Le sens général de ces hadiths indique la possibilité pour l'héritier de jeûner à la place du défunt et ce pour toutes sortes de jeûne. Cet avis est adopté par certains *chaféites* ainsi qu'Ibn Hazm dans *al-Muhalla'* (t. 7, p. 2–8).

1 Il s'agit de *al-Nadhr*. C'est-à-dire de prendre l'engagement vis-à-vis d'Allah d'accomplir tel ou tel acte d'adoration qui n'est pas obligatoire au départ. Le fait de tenir cet engagement est quant à lui obligatoire. NDT

2 Al-Bukhârî, t. 4, p. 168 ; Muslim, n° 1147.

3 Al-Bukhârî, t. 4, p. 169 ; Muslim, n° 1148.

Mais ces hadiths font partie de textes généraux qui ont été par la suite restreints par d'autres textes. Ainsi, l'héritier n'accomplit à la place du mort que le jeûne promis (*al-Nadhr*), avis adopté par l'Imam Ahmad dans le *Masâ'il al-Imâm Ahmad* (p. 96) où Abû Dâwud dit: «*J'ai entendu Ahmad Ibn Hanbal dire : "On ne jeûne à la place du mort que le jeûne promis !"*». Puis Abû Dâwûd ajouta : «*J'ai demandé à Ahmad : "Et en ce qui concerne le mois de Ramadan ?"*

Il m'a répondu : *"On donne à manger [aux pauvres] à sa place."*»

Tel est l'avis vers lequel penche l'esprit, qui apaise le cœur et qui est appuyé par la compréhension des arguments. Car il fait qu'on met en application tous les hadiths rapportés concernant ce point, sans rejeter l'un d'entre eux tout en adoptant la méthode correcte pour leur compréhension, notamment en ce qui concerne le premier hadith.

Ainsi, 'Âisha رضي الله عنها n'a pas déduit que cela impliquait toutes les sortes de jeûne, le Ramadan et autres. Mais elle a penché vers l'alimentation [du pauvre] alors que c'est elle qui l'a rapporté. En effet, 'Amra a rapporté que sa mère est morte alors qu'elle devait s'acquitter des jours manqués durant le Ramadan. Puis, elle demanda à 'Âisha رضي الله عنها : « *Puis-je les récupérer à sa place ?* »

Elle répondit: « *Non, mais pour chaque jour [de jeûne manqué] donne à un pauvre un demi Sâ'*».

Ce texte est rapporté par al-Tahâwî dans *Mushkil al-Âthâr* (t. 3, p. 142) et Ibn Hazm via une chaîne de transmission authentique dans *al-Muhallâ* (t. 7, p. 4). Il est évident que le rapporteur du hadith est le mieux placé pour en comprendre le sens.

L'érudit de cette communauté ['Abd Allah Ibn 'Abbâs] a détaillé cela en disant : « *Si un homme tombe malade durant le Ramadan et puis meurt sans jeûner, on nourrira à sa place et on ne jeûnera pas à sa place. Mais s'il fait vœu [de jeûne], son héritier jeûnera à sa place*»[1].

Il est connu qu' Ibn 'Abbâs ﷺ est le rapporteur du deuxième hadith. Bien plus, il en a rapporté un autre qui indique que l'héritier jeûne à la place du mort en ce qui concerne le jeûne promis.

Selon lui, Sa'd Ibn 'Ubâda ﷺ questionna le Messager d'Allah ﷺ en disant: « *Ma mère est morte alors qu'elle a fait un vœu [de jeûne]* ».

Le Prophète ﷺ lui dit :

اقْضِهِ عَنْهَا.

« *Accomplis-le à sa place !*»[2]

Cette argumentation détaillée concorde avec les règles et fondements de l'Islam comme l'a expliqué Ibn al-Qayyim ﷺ dans *I'lâm al-Muwaqqi'în*, et il a encore mieux élucidé cela dans *Tahdhîb Sunan Abî Dâwud* (t. 3, p. 279-282), ouvrage qu'il convient de consulter vu son importance.

En revanche, il est permis – lorsque quelqu'un meurt alors qu'il a fait un vœu de jeûne – qu'un nombre de gens équivalent au nombre de jours à jeûner, jeûnent chacun un jour à sa place.

Al-Hasan ﷺ a dit : « *Si trente hommes jeûnent à sa place, en jeûnant chacun un jour, ce serait valable.*»[3]

Quant à l'alimentation, si son héritier rassemble autant de pauvres que de jours dont il devait s'acquitter en les rassasiant, c'est également autorisé. C'est ainsi qu'a agi Anas Ibn Mâlik ﷺ.

---

1 Abû Dâwud avec une chaîne de transmission authentique et Ibn Hazm en a prouvé l'authenticité, t. 7, p. 7.

2 Al-Bukhârî, t. 4, p. 169; Muslim, n° 1148.

3 al-Albânî a prouvé l'authenticité de ce hadith dans *Mukhtasar Sahîh al-Bukhârî*, t. 1, p. 58.

L'expiation (*al-Kaffâra*)

Nous avons déjà cité le hadith rapporté par Abû Hurayra ﷺ relatant l'histoire de l'homme qui eut un rapport sexuel avec son épouse durant une journée du mois de Ramadan. Nous avons vu qu'il y avait un acquittement compensatoire et une expiation. Il s'agit d'affranchir un esclave. Mais celui qui n'en trouve pas les moyens doit jeûner deux mois consécutifs. S'il ne peut les faire, alors qu'il nourrisse soixante pauvres.

Certains disent que cet ordre d'expiation du rapport sexuel est laissé au choix, sans ordre précis. Mais ceux qui penchent vers le respect strict de cet ordre sont plus nombreux. D'autant plus qu'ils possèdent une information en plus. Car ils sont unanimes sur le fait que cette annulation du jeûne était due à un rapport conjugal, ce qui n'a pas été rapporté dans les autres versions, tout en sachant que c'est l'avis de celui qui a le plus d'informations qui l'emporte.

En outre, cet ordre d'expiation est affirmé, car il est plus sûr et reste valable même dans le cas où nous optons pour l'avis qu'il est laissé au choix, contrairement à l'inverse.

Quiconque encourt une expiation sans pouvoir affranchir, jeûner ou nourrir les pauvres, se voit décharger de celle-ci. Car il n'y a d'imposition qu'avec la capacité.

Le Très-Haut dit:

لَا يُكَلِّفُ ٱللَّهُ نَفْسًا إِلَّا وُسْعَهَا

﴾Allah n'impose à aucune âme une charge supérieure à sa capacité.﴿

(le Coran, *al-Baqara* : 286)

Cela est également appuyé par l'attitude du Messager ﷺ lorsqu'il a dispensé l'homme de l'expiation quand celui-ci lui a expliqué sa pauvreté, et qu'il lui a accordé un panier de dattes pour qu'il nourrisse sa famille.

Quant à la femme, il ne lui est pas imposé d'expiation, car le Prophète ﷺ fut informé de l'acte commis par l'homme et sa femme. Malgré cela il n'imposa l'expiation qu'à une seule personne. Et Allah ﷻ est le Meilleur Connaisseur.

La compensation matérielle (*al-Fidya*)

Lorsque la femme enceinte et la nourrice craignent pour leur santé ou pour celle du bébé, elles peuvent rompre le jeûne en nourrissant un pauvre pour chaque jour de jeûne manqué. La preuve de cela se trouve dans le Livre d'Allah, dans le verset suivant:

وَعَلَى ٱلَّذِينَ يُطِيقُونَهُۥ فِدْيَةٌ طَعَامُ مِسْكِينٍ

﴾Mais pour ceux qui ne pourraient le supporter [qu'avec grande difficulté], il y a une compensation: nourrir un pauvre.﴿

(le Coran, *al-Baqara* : 184)

Ce verset est exclusivement spécifique au vieux, homme ou femme, au malade atteint d'une maladie incurable et à la femme enceinte ou nourrice. Cela sera expliqué par les hadiths d'Ibn 'Abbâs et Ibn 'Umar.

Frère dans la foi, tu as appris que ce verset fut abrogé par les deux hadiths rapportés par 'Abd Allah Ibn 'Umar et Salama Ibn al-Akwa' (qu'Allah les agrée).

Mais il a été confirmé par voie authentique d'après Ibn 'Abbâs qu'il ne fut pas abrogé et qu'il concerne les personnes âgées qui ne peuvent jeûner.

Par conséquent, ils doivent pour chaque jour de jeûne nourrir un pauvre[1].

Ainsi l'on pourrait croire qu'Ibn 'Abbâs a contredit la plupart des compagnons ou qu'il se contredit lui-même, notamment lorsqu'on sait qu'il a cité l'abrogation du verset dans une autre version qui est la suivante : « *Il a été autorisé au vieux et à la vieille qui ne peuvent jeûner qu'avec difficulté d'avoir le choix de rompre le jeûne ou de nourrir un pauvre pour chaque jour de jeûne sans être obligés de les acquitter. Puis, cela fut abrogé par le verset qui suit : ﴿ Donc, quiconque parmi vous est présent en ce mois, qu'il jeûne ﴾* (le Coran, *al-Baqara* : 185).

Il fut confirmé que lorsque le vieillard ou la vieille ne peuvent jeûner qu'avec grande difficulté, de même que la femme enceinte et la nourrice qui craignent [pour leur santé ou de celle de leur bébé], ils peuvent dès lors rompre le jeûne et nourrir un pauvre pour chaque jour »[2].

Quand certains ont regardé le sens apparent de la première version citée par al-Bukhârî dans le chapitre de l'interprétation coranique de son ouvrage *al-Sahîh* et qui dément clairement l'abrogation du verset, ils ont cru que l'érudit de la communauté [Ibn 'Abbâs] a contredit l'ensemble des compagnons. Et lorsqu'ils se sont heurtés à la version qui mentionne clairement son abrogation, ils ont pensé qu'il se contredisait lui-même !

Il n'y a nul doute que ce verset fut abrogé mais selon la compréhension de l'abrogation (*al-Naskh*) chez les anciens. Car les pieux prédécesseurs utilisaient le terme abrogation en ce qui concerne le restriction du sens général [*al-'Âm*], absolu (*al-Mutlaq*) et apparent (*al-Zâhir*) des textes. Cela pouvait être le cas en consacrant le texte à des cas bien précis (*Takhsîs*), en le

---

1 Al-Bukhârî, t. 8, p. 135.

2 Rapporté avec une chaîne de transmission authentique par Ibn al-Jârûd, n° 381; al-Bayhaqî, t. 4, p. 230; Abû Dâwud, n° 2318.

liant à des conditions (*Taqyîd*), ou en déterminant l'application du terme pris dans un sens indéterminé (*Haml al-Mutlaq 'alâ Muqayyad*). Il peut s'agir de son interprétation, à tel point qu'ils nommaient l'exception (*al-Istithnâ'*), la condition (*al-Shart*) et la description (*al-Sifa*) " abrogation", du fait que cela comporte l'annulation du sens apparent du texte et son remplacement par le sens voulu. Donc, l'abrogation pour eux signifie l'explication du sens voulu exprimé par d'autres termes que ceux qui sont réellement cités[1].

Il est évident que celui qui médite sur leurs dires trouvera d'innombrables exemples à ce sujet. Ainsi, il se débarrassera de la confusion engendrée par la soumission de leurs dires à la terminologie récente qui laisse entendre [par l'abrogation] le remplacement d'une règle juridique par un argument ultérieur vis-à-vis des gens concernés[2].

Ce sens d'abrogation est appuyé par le fait que le verset s'adressait à tout Musulman pubère, qu'il soit capable de jeûner ou non.

Cela est soutenu par le texte rapporté par l'Imam Muslim selon lequel Salama Ibn al-Akwa' dit : « Nous avions à l'époque du Messager ﷺ le choix de jeûner ou de rompre le jeûne jusqu'à ce que le verset suivant fût révélé : ﴾ Donc quiconque d'entre vous est présent en ce mois qu'il le jeûne ﴿ (le Coran, *al-Baqara* : 185).»

Il se peut que le hadith d'Ibn 'Abbâs déclarant l'abrogation engendre une confusion. Car il cite que la permission de rompre le jeûne concernait le vieillard et la vieille qui jeû-

---

1 Voir *I'lâm al-Muwaqqi'în*, t. 1, p. 35 d' Ibn Qayyim ainsi que *al-Muwâfaqât*, t. 3, p. 118 d'al-Shâtibî.

2 Il va sans dire que traduire précisément cette terminologie de *Usûl al-Fiqh* (Les fondements du *Fiqh*) en français est très difficile. De plus elle ne peut être comprise correctement que par quelqu'un qui a déjà des notions antérieures dans cette science ô combien importante. NDT

nent avec difficulté. Mais ce malentendu se dissipe lorsqu'on constate que le hadith fait allusion à l'argumentation mais pas à la limitation. Ce point de vue est soutenu par le hadith même. Supposons que le texte signifie que la permission concernait le vieillard et la vieille puis qu'il fut abrogé et ensuite confirmé pour cette catégorie d'âge.

Dès lors, quel est le sens d'une telle permission à la fois confirmée et rejetée !? En réalité, ce texte fait allusion à la confirmation de la règle et pas à sa limitation. Donc, lorsque tu comprends cela avec certitude, il t'apparaît clairement que le sens du verset est abrogé à l'égard de ceux qui ne supportent le jeûne qu'avec difficulté.

Mais il n'est pas abrogé pour ceux qui ne supportent pas du tout le jeûne.

Ainsi, la première règle est abrogée par argumentation coranique. Quant à la deuxième, elle fut confirmée par la sunna sans être abrogée jusqu'à la fin des temps.

D'autant plus que cela est soutenu par la version d'Ibn 'Abbâs ﷺ citant clairement l'abrogation, et qui dit: « *Il fut confirmé que lorsque le vieillard et la vieille ne peuvent jeûner qu'avec difficulté de même que la femme enceinte et la nourrice qui craignent pour leur santé, ils peuvent rompre le jeûne et nourrir un pauvre pour chaque jour [non jeûné]* ».

Cela est plus clarifié par le hadith rapporté par Mu'âdh Ibn Jabal ﷺ qui dit :

> « *Quant aux situations du jeûne, le Messager d'Allah ﷺ est venu à Médine. Puis, il s'est mis à jeûner trois jours par mois ainsi que le jour de 'Âshûrâ'. Ensuite, Allah ﷻ lui a imposé le jeûne et a révélé :* ﴿ Ô les croyants ! On vous a prescrit le jeûne... ﴾ (le Coran, *al-Baqara* : 183). *Puis, Allah a révélé le verset suivant :* ﴿ (C'est) le mois de Ramadan au cours duquel Le Coran a été descendu... ﴾ (le Coran, *al-Baqara* : 185).

Ainsi, Allah ﷻ a imposé le jeûne [de Ramadan] à toute personne saine et en a dispensé le malade et le voyageur. Il a été confirmé à l'égard du vieillard qui ne peut jeûner de nourrir [les pauvres] »[1].

Donc, voilà deux hadiths explicites qui indiquent que le verset est abrogé concernant celui qui est capable de jeûner, mais non abrogé pour celui qui n'est pas capable. Par conséquent, le verset est spécifique.

Ainsi, Ibn 'Abbâs ﷺ est en conformité avec les Compagnons et son hadith concorde avec ceux de 'Abd Allah Ibn 'Umar et Salama Ibn al-Akwa' ﷺ, ils ne se contredisent pas.

En effet, sa parole disant qu'il [le verset] n'est pas abrogé est expliquée par une autre qui dit qu'il est abrogé, ç'est à dire que le verset est spécifique. Cela indique que le mot *Naskh* (abrogation) correspond chez les Compagnons à la spécification (*Takhsîs*) et la restriction (*Taqyîd*) dans la compréhension des savants contemporains des principes de la jurisprudence. Dans son interprétation coranique, al-Qurtubî ﷺ a fait allusion à ce point[2].

Il se peut, frère en Islam, que tu croies que ce qui a été rapporté de la part d'Ibn 'Abbâs et Mu'âdh ﷺ n'est qu'un simple avis personnel ou une interprétation qui ne peut atteindre le même degré d'importance qu'un hadith directement attribué au Prophète ﷺ qui précise les cas concernés par un texte coranique général et qui l'interprète. Nous te répondons de la manière suivante :

a. Ces deux hadiths ont le même titre que celui directement attribué au Prophète ﷺ à l'unanimité des savants

1 Hadith authentique rapporté par Abû Dâwud, n° 507; al-Bayhaqî, *al-Sunan*, t. 4, p. 200; Ahmad, *al-Musnad*, t. 5, p. 246-247. Sa chaîne est authentique.

2 *Al-Jâmi' li Ahkâm al-Qur'ân*, t. 2, p. 288.

en matière de hadiths du Prophète ﷺ. Donc, il n'incombe pas à un croyant aimant Allah et Son Messager de les contredire lorsqu'ils [les deux hadiths] s'avèrent authentiques pour lui. Car il s'agit d'une interprétation concernant le motif d'une révélation. Autrement dit, ces deux compagnons qui ont assisté à la révélation [du Coran] ont rapporté une information concernant le motif d'une révélation. Donc un tel hadith est sans aucun doute attribué au Prophète ﷺ[1].

b. Ibn 'Abbâs a confirmé que cette règle concerne également la femme enceinte et la nourrice. Donc, d'où l'a-t-il apporté ? Sûrement de la sunna, surtout qu'il n'est pas le seul [à rapporter cette information], car Ibn 'Umar qui a rapporté l'abrogation de ce verset était d'accord avec lui. En effet, Mâlik a rapporté d'après Nâfi' qu'Ibn 'Umar fut questionné à propos de la femme enceinte qui craint pour la santé de son bébé. Il répondit: «*Elle rompt le jeûne et nourrit un pauvre d'un Mudd de blé pour chaque jour [de jeûne manqué].*»[2]

Al-Dâraqutnî a rapporté un hadith dont il a prouvé l'authenticité (t. 1, p. 207), selon lequel Ibn 'Umar ﷺ a dit :

اَلْحَامِلُ وَالْمُرْضِعُ تُفْطِرُ وَلاَ تَقْضِي.

« *La femme enceinte et la nourrice rompent le jeûne et ne s'en acquittent pas !*»

Et selon une version dont la chaîne de transmission est bonne : « Sa femme le questionna [à propos du jeûne] alors qu'elle était enceinte. Il lui dit :

1 Voir *Tadrîb al-Râwî'*, t. 1, p. 192-193 et *'Ulûm al-Hadîth* d'Ibn Salâh, p. 24.

2 Al-Bayhaqî, *al-Sunan al-Kubrâ*, t. 4, p. 230, selon l'Imam al-Shâfi'î avec une chaîne de transmission authentique.

أَفْطِرِي وَأَطْعِمِي عَنْ كُلِّ يَوْمٍ مِسْكِينًا وَلاَ تَقْضِي.

« Romps le jeûne et pour chaque jour nourris un pauvre et ne t'en acquitte pas ! »

D'après une troisième version:

أَنَّ بِنْتًا لَهُ كَانَتْ تَحْتَ رَجُلٍ مِنْ قُرَيْشٍ، وَكَانَتْ حَامِلاً، فَأَصَابَهَا عَطَشٌ فِي رَمَضَانَ، فَأَمَرَهَا أَنْ تُفْطِرَ وَتُطْعِمَ عَنْ كُلِّ يَوْمٍ مِسْكِينًا.

« [Ibn 'Umar] avait une fille mariée à un homme de Quraysh et elle était enceinte. Pendant le Ramadan, elle eût soif, il lui ordonna de rompre le jeûne et de nourrir pour chaque jour [non jeûné] un pauvre ».

c. Aucun Compagnon n'a contredit Ibn 'Abbâs[1].

Cette explication indique le sens de la dispense du jeûne à l'égard de la femme enceinte et la nourrice, mentionné dans le hadith d'Anas Ibn Mâlik al-Ka'bî antérieurement cité, et que cette dispense est conditionnée par la crainte de la femme pour sa santé ou pour celle de son bébé. Dès lors, elle encourt la compensation (matérielle) mais pas l'acquittement [du jeûne].

Al-Dâraquṯnî a rapporté selon une chaîne de transmission dont il a prouvé l'authenticité (t. 1, p. 207) qu'Ibn 'Abbâs a vu la mère d'un enfant à lui, enceinte ou nourrice, et lui a dit :

أَنْتِ مِنَ الَّذِينَ لاَ يُطِيقُونَ، عَلَيْكِ الْجَزَاءُ وَلَيْسَ عَلَيْكِ الْقَضَاءُ.

« Tu es parmi ceux qui ne supportent pas le jeûne. Donc tu encours la compensation (matérielle) mais pas l'acquittement [du jeûne]. »

1 Ibn Qudâma , *al-Mughnî*, t. 3, p. 21.

Quiconque prétend que la dispense du jeûne à l'égard de la femme enceinte et la nourrice est la même que celle du voyageur et que par conséquent, elles encourent l'acquittement du jeûne, son avis est rejeté, car le Coran a précisé la dispense du jeûne à l'égard du voyageur :

فَمَن كَانَ مِنكُم مَّرِيضًا أَوْ عَلَىٰ سَفَرٍ فَعِدَّةٌ مِّنْ أَيَّامٍ أُخَرَ

﴾ Quiconque d'entre vous est malade ou en voyage, devra jeûner un nombre égal d'autres jours.﴿

(le Coran, *al-Baqara* : 184)

Il a également montré la dispense de ceux qui ne peuvent pas jeûner :

وَعَلَى ٱلَّذِينَ يُطِيقُونَهُۥ فِدْيَةٌ طَعَامُ مِسْكِينٍ

﴾ Mais pour ceux qui ne pourraient le supporter [qu'avec grande difficulté], il y a une compensation : nourrir un pauvre.﴿

(le Coran, *al-Baqara* : 184)

Il t'a été certifié que la femme enceinte et la nourrice sont également concernées par ce verset d'une manière spécifique.

La nuit du Destin

Elle a un grand mérite, car elle représente le moment de la descente du Saint Coran qui guide celui qui s'y conforme aux sentiers de la fierté et de l'honneur, et l'élève au sommet de la gloire et de l'éternité.

La communauté musulmane qui suit la sunna de son Messager ﷺ pas à pas, ne dresse ni bannières pour cette nuit, ni flèches[1]. Mais ils concourent à la veiller [en priant] avec foi et en comptant sur la récompense divine.

Voici, frère en Islam, les versets coraniques et les hadith prophétiques authentiques concernant cette nuit :

1. Son mérite

Il lui suffit comme prestige qu'elle est meilleure que mille mois. Le Tout-Puissant et Majestueux a dit :

إِنَّآ أَنزَلْنَٰهُ فِى لَيْلَةِ ٱلْقَدْرِ ﴿١﴾ وَمَآ أَدْرَىٰكَ مَا لَيْلَةُ ٱلْقَدْرِ
﴿٢﴾ لَيْلَةُ ٱلْقَدْرِ خَيْرٌ مِّنْ أَلْفِ شَهْرٍ ﴿٣﴾ تَنَزَّلُ ٱلْمَلَٰٓئِكَةُ
وَٱلرُّوحُ فِيهَا بِإِذْنِ رَبِّهِم مِّن كُلِّ أَمْرٍ ﴿٤﴾ سَلَٰمٌ هِىَ حَتَّىٰ
مَطْلَعِ ٱلْفَجْرِ

1 Expression qui signifie qu'ils ne font pas la fête. NDT

﴿ Nous L'avons certes fait descendre (le Coran) pendant la nuit du Destin (*Laylat al-Qadr*). Et qui te dira ce qu'est la nuit du Destin ? La nuit du Destin est meilleure que mille mois. Durant celle-ci descendent les anges ainsi que l'Esprit, par la permission de leur Seigneur pour tout ordre. Elle est paix et salut jusqu'à l'apparition de l'aube.﴾

(le Coran, *al-Qadr* : 1-5)

D'autant plus, elle est la nuit durant laquelle est décidé tout ordre sage. Le Très-Haut a dit :

إِنَّآ أَنزَلْنَٰهُ فِى لَيْلَةٍ مُّبَٰرَكَةٍ إِنَّا كُنَّا مُنذِرِينَ ۝٣ فِيهَا يُفْرَقُ كُلُّ أَمْرٍ حَكِيمٍ ۝٤ أَمْرًا مِّنْ عِندِنَآ إِنَّا كُنَّا مُرْسِلِينَ ۝٥ رَحْمَةً مِّن رَّبِّكَ إِنَّهُۥ هُوَ ٱلسَّمِيعُ ٱلْعَلِيمُ ۝٦

﴿ Nous avons fait descendre (le Coran) en une nuit bénie. Nous sommes en vérité Celui qui avertit, durant laquelle est décidé tout ordre sage. C'est là un commandement venant de Nous. C'est Nous qui envoyons [les Messagers], à titre de miséricorde de la part de ton Seigneur, car c'est Lui l'Oyant, l'Omniscient.﴾

(le Coran, *al-Dukhân* : 3-6)

2. Son moment

Il a été rapporté de la part du Prophète ﷺ qu'elle correspond à l'une de ces nuits : 21ème, 23ème, 25ème, 27ème, 29ème et là dernière nuit du Ramadan.[1]

---

1 Différents propos ont été rapportés à ce sujet. L'Imam al-'Irâqî a écrit une épître intitulée *Sharh al-Sadr bi dhikri laylat al-Qadr* dans laquelle il a compilé les paroles des savants concernant cette question.

Al-Shâfi'î ﷺ a dit : « Il me semble – et Allah est le Meilleur Connaisseur – que le Prophète ﷺ répondait à ce qu'on lui demandait, on lui disait: « La prévoit-on durant telle nuit ? ». Il répondait :

« *Oui, prévoyez-là telle nuit* »[1].

Mais la parole la plus juste est qu'elle se situe parmi les nuits impaires de la dernière décade du Ramadan. Cela est soutenu par le hadith de 'Âisha ﷺ qui dit : « Le Messager d'Allah ﷺ faisait une retraite durant la dernière décade du Ramadan et disait :

تَحَرَّوا - وَفِي رِوَايَةٍ : اِلْتَمِسُوا - لَيْلَةَ الْقَدْرِ فِي الْوِتْرِ مِنَ الْعَشْرِ الْأَوَاخِرِ مِنْ رَمَضَانَ.

« *Recherchez la nuit du Destin durant les [nuits] impaires de la dernière décade du Ramadan* »[2].

Mais au cas où quelqu'un s'affaiblit, qu'il n'abandonne pas les sept dernières [nuits], car Ibn 'Umar a rapporté que le Messager d'Allah ﷺ a dit :

إِلْتَمِسُوهَا فِي الْعَشْرِ الْأَوَاخِرِ، فَإِنْ ضَعُفَ أَحَدُكُمْ أَوْ عَجَزَ فَلَا يُغْلَبَنَّ عَلَى السَّبْعِ الْبَوَاقِي.

« *Recherchez-là durant la dernière décade. Mais si l'un d'entre-vous s'affaiblit, qu'il ne manque pas les sept restantes* »[3].

Cela est expliqué par sa parole disant :

1 Al-Baghawî , *Sharh al-Sunna*, t. 6, p. 388.

2 Al-Bukhârî, t. 4, p. 225; Muslim, n° 1169.

3 Rapporté par al-Bukhârî, t. 4, p. 221 ; Muslim, n° 1165.

أَرَى رُؤْيَاكُمْ قَدْ تَوَاطَأَتْ فَمَنْ كَانَ مُتَحَرِّيهَا فَلْيَتَحَرَّهَا فِي السَّبْعِ الأَوَاخِرِ.

« Je vois que vos visions ont concordé. Donc, celui qui la convoite, qu'il la recherche durant les sept dernières [nuits] »[1].

Il est connu d'après la sunna que la précision de son moment fut annulée à cause d'une dispute. En fait, 'Ubâda Ibn al-Sâmit ﷺ a dit : « Le Prophète ﷺ sortit pour informer [du moment] de la nuit du Destin, alors que deux hommes parmi les musulmans se disputaient. Il dit ﷺ :

إِنِّي خَرَجْتُ لأُخْبِرَكُمْ بِلَيْلَةِ القَدْرِ فَتَلاحَى فُلاَنٌ وَفُلاَنٌ فَرُفِعَتْ، وَعَسَى أَنْ يَكُونَ خَيْرًا لَكُمْ، فَالْتَمِسُوهَا فِي التَّاسِعَةِ وَالسَّابِعَةِ وَالْخَامِسَةِ - وَفِي رِوَايَةٍ : فِيَ السَّبْعِ، وَ التِّسْعِ، وَ الْخَمْسِ .

« Je suis sorti pour vous informer [du moment] de la nuit du Destin et tel et un tel se sont disputés. Elle a donc été enlevée [je ne vous en informerai pas], et c'est peut-être mieux pour vous. Alors cherchez-là pendant la neuvième, la septième et la cinquième [nuit] »[2].

Remarque :

Certains hadiths indiquent que la nuit du Destin se trouve dans les dix derniers [jours de Ramadan].

D'autres ont fait allusion au fait qu'elle se situe dans les nuits impaires de la dernière décade.

---

1 Voir la note précédente.

2 Rapporté par al-Bukhârî, t. 4, p. 232.

Les premiers sont généraux et les deuxièmes sont spécifiques, tout en sachant que le spécifique passe avant le général.

D'autres hadiths ont cité qu'elle se trouve dans les sept [jours] restants, mais cela est lié au cas de faiblesse. Donc il n'y a pas de contradiction car l'ensemble des hadiths concordent les uns avec les autres sans se contredire.

La conclusion est que le musulman recherche la nuit du Destin durant la dernière décade du Ramadan à savoir les nuits du 21, 23, 25, 27, 29 du mois. Mais s'il se sent affaibli ou incapable de la rechercher pendant les jours impairs de la dernière décade, qu'il la recherche durant les nuits impaires des sept dernières nuits à savoir les nuits du 25, 27 et 29 du mois. Et Allah ﷻ est le Meilleur Connaisseur.

3. Comment le Musulman recherche-t-il la nuit du Destin ?

Il s'agit d'une nuit pleine de bénédiction, celui qui en est privé est privé de tout le bien. Personne n'est privé de son bien si ce n'est un véritable démuni. C'est pourquoi il est recommandé que le musulman souciant d'obéir à Allah ﷻ est sollicité de la veiller avec foi et par espoir d'obtenir son énorme récompense. S'il fait cela, Allah ﷻ lui pardonnera ses péchés passés. Le Prophète ﷺ dit :

مَنْ قَامَ لَيْلَةَ الْقَدْرِ إِيمَانًا وَاحْتِسَابًا غُفِرَ لَهُ مَا تَقَدَّمَ مِنْ ذَنْبِهِ.

« Quiconque célèbre [par les actes d'adorations comme la prière, les invocations et le rappel d'Allah] la nuit du Destin, avec foi et en comptant sur la récompense divine, Allah lui pardonnera ses péchés passés »[1].

1 Rapporté par al-Bukhârî, t. 4, p. 217 ; Muslim, n° 759.

Il est préférable d'y multiplier les invocations. 'Âisha ﷺ a demandé au Prophète ﷺ : « *Ô Messager d'Allah ! Suppose que je connaisse le moment de la nuit du Destin. Qu'est-ce que j'y dis ?* ». Il lui répondit ﷺ :

قُولِي : اَللَّهُمَّ إِنَّكَ عَفُوٌّ تُحِبُّ الْعَفْوَ، فَاعْفُ عَنِّي.

« *Ô Allah Tu es Pardonneur, Tu aimes pardonner, alors pardonne-moi* ».

« *Allahumma innaka 'afuwwun tuhibbu l-'Afwa fa'fu 'annî* »[1].

Frère, qu'Allah te bénisse et te guide vers Son obéissance, tu as pris connaissance de quelle nuit il s'agissait. Donc, tu dois veiller la dernière décade et célébrer ces nuits par l'adoration et l'abstinence de rapport conjugal. Exhorte ta famille à faire de même et multiplie les œuvres pies. 'Âisha ﷺ a dit :

« *A l'arrivée de la dernière décade le Prophète ﷺ attachait son habit*[2]*, veillait la nuit et réveillait sa famille* »[3].

D'après elle :

« *Le Messager d'Allah ﷺ faisait plus d'effort [dans l'adoration] durant la dernière décade que durant les autres [jours]* »[4].

---

1 Hadith authentique rapporté par al-Tirmidhî, n° 3760; Ibn Mâjah, n° 3850, d'après 'Âisha.

2 Expression qui signifie l'abstinence sexuelle en vue de l'adoration et la détermination dans celle-ci.

3 Al-Bukhârî, t. 4, p. 233; Muslim, n° 1174.

4 Muslim, n° 1174.

4. Ses signes[1]

Sache, serviteur obéissant, [qu'Allah te soutienne], que le Messager d'Allah ﷺ décrit le matin de la nuit du Destin afin que les musulmans puissent la distinguer. D'après Ubay ؓ le Prophète ﷺ a dit :

صَبِيحَةُ لَيْلَةِ الْقَدْرِ تَطْلُعُ الشَّمْسُ لاَ شِعَاعَ لَهَا، كَأَنَّهَا طَسْتٌ حَتَّى تَرْتَفِعَ.

« Le matin de la nuit du Destin, le soleil se lève sans rayonnements telle une écuelle jusqu'à ce qu'il s'élève »[2].

Selon Abû Hurayra ؓ : « Nous avons parlé de la nuit du Destin chez le Messager ﷺ. Puis il a dit ﷺ :

أَيُّكُمْ يَذْكُرُ حِيْنَ طَلَعَ الْقَمَرُ، وَهُوَ مِثْلُ شِقِّ جَفْنَةٍ.

« Qui parmi vous se rappelle lorsque la lune s'est levée alors qu'elle était comme la moitié d'une écuelle ? »[3]

Ibn 'Abbâs ؓ a rapporté que le Messager d'Allah ﷺ a dit :

لَيْلَةُ الْقَدْرِ لَيْلَةٌ سَمْحَةٌ، طَلِقَةٌ، لاَ حَارَّةٌ، وَلاَ بَارِدَةٌ، تُصْبِحُ الشَّمْسُ صَبِيحَتَهَا ضَعِيفَةً حَمْرَاءَ.

« La nuit du Destin est douce, dégagée, ni chaude, ni froide. Ce matin-là, le soleil s'élève à faible lumière rouge »[4].

---

1 Les ignorants parmi les masses des musulmans adoptent des superstitions à propos de ses signes, comme quoi les arbres se prosternent et les constructions dorment, ce qui est évidemment faux.

2 Muslim, n° 762.

3 Muslim, n° 1170; al-Qâdî 'Iyâd dit : « *Ceci fait allusion au fait qu'elle se situe vers la fin du mois, car la lune ne prend cette forme qu'à ce moment-là* ».

4 Hadith fiable rapporté par al-Tayâlisî, h. n° 349; Ibn Khuzayma, t. 3, p. 231; al-Bazzâr, t. 1, p. 486.

La retraite pieuse (*al-I'tikâf*)

1. Sa sagesse

L'érudit savant Ibn al-Qayyim a dit: « Certes, la piété du cœur et sa droiture sur son chemin vers Allah ﷻ dépend de sa concentration vis-à-vis d'Allah, de même que l'élimination de son impureté exige son empressement total vers Allah ﷻ, car l'impureté du cœur ne peut-être évacuée que par l'empressement vers Allah ﷻ.

En revanche, l'excès de nourriture, de boisson, de fréquentation des gens, de parole et de sommeil sont des choses qui augmentent son impureté, la dispersent en toute direction et barrent son chemin vers Allah, l'affaiblissent ou l'arrêtent. C'est pourquoi la Miséricorde du Tout-Puissant et Miséricordieux envers Ses serviteurs implique qu'Il leur ait décrété le jeûne qui élimine l'excès de nourriture et de boisson et évacue du cœur les mélanges de la passion qui entrave sa marche vers Allah, Exalté Soit-Il.

Ainsi, il fut décrété selon l'intérêt du serviteur de telle façon qu'il puisse en profiter durant sa vie présente et dans l'au-delà sans entraver ses intérêts à courts et longs termes.

Leur fut également décrétée la retraite pieuse dont le but et l'essence sont l'orientation et la concentration du cœur vers Allah ﷻ, ainsi que la cessation de la préoccupation des créatures pour s'attacher uniquement à Allah ﷻ, de telle façon que son évocation, son amour et son approche vers Lui remplacent les soucis et les pensées du cœur. Ainsi, tous les soucis seront projetés sur Lui et les pensées se transformeront en Son évocation et seront consacrées à ce qui réalise Son agrément et fait rapprocher de Lui.

Le cœur retrouve, ainsi, la quiétude auprès de Lui au lieu de la trouver chez les créatures. D'autant plus, la retraite vise à acquérir l'apaisement auprès de Lui le jour de la solitude dans la tombe lorsqu'on sera privé de compagnie et de toute joie sinon en Lui. Tel est le principal but de la retraite pieuse.»[1]

2. Sa signification

Le terme *I'tikâf* signifie séjourner. Ainsi, on appelle celui qui s'attache étroitement à la mosquée pour y adorer Allah « *mu'takif* » ou « *'âkif* »[2].

3. Sa légitimité

Il est recommandé de le faire durant le Ramadan ainsi que durant les autres jours de l'année, car il a été confirmé que le Prophète ﷺ a fait la retraite pieuse pendant la dernière décade du mois de *Shawwâl*[3].

D'autant plus que 'Umar ﷺ a demandé au Prophète ﷺ : « *Ô Messager d'Allah ! J'avais fait vœu à l'époque de l'Ignorance (al-Jâhiliyya) de faire la retraite d'une nuit dans la Mosquée Sainte* ». Il répondit ﷺ :

فَأَوْفِ بِنَذْرِكَ، فَاعْتَكَفَ لَيْلَةً...

« *Alors, accomplis ton vœu, et il fit la retraite d'une nuit* »[4].

---

1 *Zâd al-Ma'âd'*, t. 2, p. 86-87.

2 Al-Fayûmî, *al-Misbâh al-Munîr*, t. 2, p. 424; Ibn Manzûr, *Lisân al-'Arab*, t. 9, p. 252.

3 Al-Bukhârî, t. 4, p. 226; Muslim, n° 1173.

4 Al-Bukhârî, t. 4, p. 237; Muslim, n° 1656.

Mais le moment par excellence de la retraite pieuse est le mois de Ramadan, selon le hadith rapporté par Abû Hurayra ﷺ disant :

كَانَ رَسُولُ اللهِ ﷺ يَعْتَكِفُ فِي كُلِّ رَمَضَانَ عَشَرَةَ أَيَّامٍ، فَلَمَّا كَانَ الْعَامُ الَّذِي قُبِضَ فِيهِ إِعْتَكَفَ عِشْرِينَ يَوْمًا.

« Le Messager d'Allah ﷺ faisait la retraite pieuse durant dix jours de chaque Ramadan. Et l'année de sa mort, il l'a fait pendant vingt jours »[1].

Le meilleur moment du mois de Ramadan pour son accomplissement est vers la fin du mois.

« Car le Prophète ﷺ passait la dernière décade de Ramadan en retraite jusqu'à ce qu'Allah ﷻ reprît son âme »[2].

4. Ses conditions

- Il n'est permis de l'accomplir que dans les mosquées conformément à la Parole du Très-Haut qui dit :

وَلَا تُبَٰشِرُوهُنَّ وَأَنتُمْ عَٰكِفُونَ فِى ٱلْمَسَٰجِدِ

﴾Mais n'ayez pas de rapports conjugaux avec elles [vos femmes] alors que vous êtes en retraite rituelle dans les mosquées.﴿

(le Coran : *al-Baqara* , 187)

1 Al-Bukhârî, t. 4, p. 245.
2 Al-Bukhârî, t. 4, p. 226; Muslim, n° 1173, selon 'Âisha.

- Il ne s'agit pas de toute mosquée, car cela a été précisé par la sunna authentique. D'après la parole du Messager ﷺ qui dit :

لاَ اعْتِكَافَ إِلاَّ فِي الْمَسَاجِدِ الثَّلاَثَة.

« Il n'y a de retraite pieuse que dans les Trois mosquées [1]*»*[2].

- Selon la sunna, il faut jeûner pendant la retraite, d'après ce qui a été rapporté par 'Âisha رضي الله عنها précédemment[3].

5. Les actes autorisés pendant la retraite pieuse

- Il est permis de sortir pour un besoin et de sortir sa tête de la mosquée pour qu'elle soit lavée et coiffée. 'Âisha رضي الله عنها a dit :

« Le Messager d'Allah ﷺ introduisait sa tête [dans ma chambre] alors qu'il était en retraite. Je la lui coiffais et dans une autre version: et la lui lavais. [Et il n'y avait entre moi et lui que le seuil de la porte]. [Alors que j'avais mes règles]. Et il n'entrait à la maison que pour un besoin lorsqu'il était en retraite pieuse »[4].

- Il est permis à celui qui est en retraite de faire ses ablutions à la mosquée, selon la parole d'un homme qui a servi le Prophète ﷺ qui dit :

1 A savoir la mosquée Sainte [à la Mecque], celle de Médine et la Mosquée al-Aqsâ (Palestine) comme il est précisé dans un hadith rapporté par l'Imam Ahmad, Abû Dâwud et d'autres.

2 Hadith dont l'authenticité est approuvée par les Imams et savants : voir l'épître intitulée *al-Insâf fi Ahkâm al-I'tikâf* écrit par 'Alî Hasan 'Alî 'Abd al-Hamîd. Pour plus de détails voir *Juz' al-I'tikâf* d'al-Hammâmî.

3 'Abd al-Razzâq, *al-Musannaf*, n° 8037.

4 Al-Bukhârî, t. 3, p. 342; Muslim, n° 297.

تَوَضَّأَ النَّبِيُّ ﷺ فِي الْمَسْجِدِ وُضُوءً خَفِيفًا.

« Le Prophète ﷺ fit des ablutions rapides dans la mosquée »[1].

- Il lui est également autorisé d'installer une petite tente au fond de la mosquée pour y faire sa retraite, car :

« 'Âisha ﷺ préparait une tente pour le Messager d'Allah ﷺ lorsqu'il faisait sa retraite[2]*, suite à un ordre de sa part »*[3].

- Il peut y mettre son matelas ou son lit, car Ibn 'Umar a rapporté que:

أَنَّهُ كَانَ إِذَا اعْتَكَفَ طُرِحَ لَهُ فِرَاشٌ أَوْ يُوضَعُ لَهُ سَرِيرٌ وَرَاءَ اسْطُوَانَةِ التَّوْبَةِ.

«Lorsque le Prophète ﷺ faisait une retraite pieuse, on lui mettait un matelas ou un lit derrière le pilier du repentir[4]*»*[5].

6. La retraite pieuse de la femme et la visite de son mari à la mosquée

- Il est permis à la femme de rendre visite à son mari qui est en retraite pieuse. Il peut l'accompagner jusqu'à la porte de la mosquée. Safiyya ﷺ, l'épouse du Prophète ﷺ, a dit :

1 Ahmad avec une chaîne de transmission authentique, t. 5, p. 364.

2 Al-Bukhârî, t. 4, p. 226.

3 Muslim, n° 1173.

4 Le pilier du repentir est une des colonnes de la mosquée du Prophète ﷺ à Médine. NDT

5 Ibn Mâjah, n° 642, d'après Ibn 'Umar avec une chaîne de transmission fiable.

« Le Prophète ﷺ était en retraite durant la dernière décade de Ramadan, quand je lui rendis visite la nuit. Je lui parlai une heure [après le départ de ses épouses qui étaient chez lui]. Puis je me levai pour rentrer. Il me dit ﷺ : "Ne t'empresse pas jusqu'à ce que je vienne avec toi". Ensuite, il se leva pour m'accompagner ».

En effet elle habitait dans la maison d'Usâma Ibn Zayd. Lorsqu'ils furent devant la porte de la mosquée qui donne accès à la porte d'Ummu Salama, deux hommes parmi les Auxiliaires (*Anṣâr*) passèrent à côté d'eux. Lorsqu'ils virent le Prophète ﷺ, ils accélérèrent. Dès lors, le Prophète ﷺ dit :

« Doucement, ce n'est que Ṣafiyya Bint Ḥuyay ».

Les deux hommes dirent: « *Pureté à Allah, ô Messager d'Allah !* »

Il dit ﷺ :

« Satan circule dans l'homme comme le sang. Je craignis qu'il ne sème le mal [ou bien « *quelque chose* »*] dans vos cœurs* » [1].

- Il est autorisé à la femme de faire la retraite avec son mari ou seule, selon la parole de 'Âisha رضي الله عنها qui dit :

كَانَ النَّبِيُّ ﷺ يَعْتَكِفُ الْعَشْرَ الْأَوَاخِرَ مِنْ رَمَضَانَ حَتَّى تَوَفَّاهُ اللهُ ثُمَّ اعْتَكَفَ أَزْوَاجُهُ مِنْ بَعْدِهِ.

« Le Prophète ﷺ faisait la retraite durant la dernière décade de Ramadan jusqu'à ce qu'Allah reprît son âme. Puis, ce sont ses épouses qui firent la retraite pieuse après lui » [2].

---

1 Al-Bukhârî, t. 4, p. 240 ; Muslim, n° 2157, la version supplémentaire est rapportée par Abû Dâwud (*'Awn al-Ma'bûd*, t. 7, p. 142-143).
2 Cité précédemment.

Notre professeur cheikh al-Albânî ﷺ a dit: « *Ce texte comporte une preuve qui autorise la retraite des femmes. Il n'y aucun doute que cela est conditionné par la permission de leurs tuteurs, l'absence du risque de turpitude et le fait de ne pas rester seule avec les hommes, vu les nombreuses preuves concernant cela. Ainsi que la règle juridique qui dit: « La prévention du mal est prioritaire par rapport à la concrétisation des intérêts* ».

La prière nocturne (*al-Tarâwîh*)

1. Sa légitimité

Elle est instituée en groupe selon le hadith de 'Âisha ﷺ qui dit : « [Une fois] le Prophète ﷺ sortit au milieu de la nuit et pria dans la mosquée et des hommes suivirent sa prière. Le lendemain ces hommes en parlèrent et ils se réunirent encore plus nombreux, il pria et ils prièrent avec lui. Le lendemain, ces hommes en parlèrent. Ainsi, dès la troisième nuit, ceux qui priaient dans la mosquée devinrent [encore] plus nombreux. Puis le Messager d'Allah ﷺ sortit et on suivit sa prière. À la quatrième nuit, la mosquée fut débordée de gens qui priaient jusqu'à ce que le Prophète ﷺ sortît pour la prière du matin. Lorsqu'il finit [la prière de] l'aube, il prononça la *Shahâda* et dit :

أَمَّا فَإِنَّهُ لَمْ يَخْفَ عَلَيَّ مَكَانُكُمْ، وَلَكِنِّي خَشِيتُ أَنْ تُفْرَضَ عَلَيْكُمْ فَتَعْجِزُوا عَنْهَا

« En effet, votre présence ne m'a pas échappée [c'est-à-dire que je savais que vous m'attendiez pour la prière de nuit], mais j'ai craint qu'elle [la prière de nuit] ne vous soit rendue obligatoire et que vous en soyez incapables ».

Puis le Messager d'Allah ﷺ mourut sans que cela ne changea.»[1]

En revanche, lorsque le Messager ﷺ partit auprès de Son Seigneur, la religion fut fixée. Donc, la possibilité de son accomplissement en groupe reste valable, vu la disparition de la cause qui l'empêchait. Car la cause dépend de l'effet existant ou inexistant.

Par après, cette sunna fut revivifiée par le Calife bien guidé 'Umar Ibn al-Khaṯṯâb ؓ comme l'a rapporté 'Abd al-Raḫmân Ibn 'Abd al-Qâriy qui dit : « Je suis allé à la mosquée avec 'Umar Ibn al-Khaṯṯâb ؓ pendant une nuit de Ramadan et les gens y étaient dispersés en petits groupes. Les uns priaient individuellement, les autres étaient suivis par un groupe. Puis 'Umar dit: " Je vois qu'il serait mieux de rassembler ceux-là derrière un seul lecteur". Puis, il a décidé de les rassembler derrière Ubay Ibn Ka'b. Ensuite, j'y suis allé avec lui alors que les gens priaient derrière leur lecteur. Alors 'Umar Ibn al-Khaṯṯâb ؓ a dit : « Quelle excellente innovation ![2] [La prière] pendant laquelle ils dorment est encore meilleure que celle qu'ils font [maintenant]. Car les gens priaient au début [de la nuit].»[3]

2. Le nombre de ses *Rak'a*

Les gens ont divergé quant au nombre de ses *Rak'a* (unités de prière). Mais l'avis qui concorde avec la voie de Muḫammad ﷺ est celui qui dit qu'elle est de huit *Rak'a* sans la prière de *Witr*. Cela d'après le hadith de 'Âisha ؓ qui dit :

---

1 Al-Bukhârî, t. 3, p. 220; Muslim, n° 761.

2 Le terme « innovation » employé par 'Umar ؓ est à comprendre ici au sens linguistique du terme. C'est-à-dire une chose qui n'a pas été faite ni durant le califat de Abû Bakr, ni au début du califat de 'Umar ؓ. La preuve en est que le fait de prier *al-Tarâwîḫ* fût instauré par le Prophète ﷺ lui-même (voir le hadith de 'Âisha cité précédemment). NDT

3 Al-Bukhârî, t. 4, p. 218, la version supplémentaire est rapportée par Mâlik, t. 1, p. 114 et 'Abd al-Razzâq, n° 7723.

مَا كَانَ النَّبِيُّ ﷺ يَزِيدُ فِي رَمَضَانَ وَلاَ فِي غَيْرِهِ عَلَى إِحْدَى عَشْرَةَ رَكْعَةً.

« Le Prophète ﷺ ne dépassait pas onze Rak'a que ce soit pendant le Ramadan ou en dehors »[1].

Jâbir Ibn 'Abd Allah ﷺ a rapporté un hadith qui concorde avec celui de 'Âisha ﷺ et qui dit :

أَنَّ النَّبِيَّ ﷺ لَمَّا أَحْيَى بِالنَّاسِ لَيْلَةً فِي رَمَضَانَ صَلَّى ثَمَانِيَ رَكَعَاتٍ وَأَوْتَرَ.

« Lorsque le Prophète a célébré avec les gens une des nuits du Ramadan, il a prié huit Raka'ât. Puis, il fit la prière de Witr »[2].

Lorsque 'Umar ﷺ a réinstauré cette sunna, il a rassemblé les gens sur onze *Rak'a*, conformément à la sunna authentique selon ce qui est rapporté par Mâlik (t. 1, p. 115) avec une chaîne de transmission très authentique d'après Muhammad Ibn Yûsuf d'après al-Sa'ib Ibn Yazîd qui dit : « *'Umar Ibn al-Khattâb avait ordonné à Ubay Ibn Ka'b et Tamîm al-Dârî de guider la prière en priant onze Rak'a* ». Puis il dit: « *Le lecteur lisait des centaines de versets à tel point qu'on s'appuyait sur des bâtons tellement c'était long. L'on ne se dispersait qu'au début de l'aube* ».

Mais il fut contredit par Yazîd Ibn Khasîfa qui dit qu'elle est de vingt *Rak'a*. Mais il s'agit d'une version dite marginale (*Shâdhdha*) car Muhammad Ibn Yûsuf est plus crédible que Yazîd Ibn Khasîfa. On ne peut la considérer comme une version supplémentaire acceptable rapportée par un homme crédible.

---

1 Al-Bukhârî, t. 3, p. 16; Muslim, n° 736.

2 Ibn Hibbân dans son *Sahîh*, n° 920; al-Tabarânî dans *al-Mu'jam al-Saghîr*, p.108; Ibn Nasr dans *Qiyâm al-Layl*, p.90. Il s'agit d'un hadith fiable selon l'ensemble de ses chaînes de transmission.

Car si c'était le cas, elle ne serait pas contradictoire, mais elle apporterait plutôt une information supplémentaire, comme il est expliqué dans des ouvrages tels que *Fath al-Mughîth* (t. 1, p. 199), *Mahâsin al-Istilâh* (p.185) et *al-Kifâya* (p.424-425).

Supposons que la version de Yazîd soit authentique, il s'agit malgré tout d'un acte, tandis que celle de Muhammad Ibn Yûsuf est une parole. Cette dernière l'emporte sur l'acte selon la science des fondements de la jurisprudence (*Usûl al-Fiqh*).

En outre, 'Abd al-Razzâq a cité dans *al-Musannaf* (7730) selon Dâwud Ibn Qays et d'autres selon Muhammad Ibn Yûsuf selon al-Sâ'ib Ibn Yazîd : « *'Umar a rassemblé les gens durant le Ramadan derrière Ubay Ibn Ka'b et Tamîm al-Dârî pour vingt et une Rak'a pendant lesquelles ils lisaient des centaines de versets. Ils terminaient au début de l'aube* ».

Mais cette version contredit celle rapportée par Mâlik de la part de Muhammad Ibn Yûsuf selon al-Sâ'ib, et la chaîne de transmission de la version de 'Abd al-Razzâq parait authentique car tous les rapporteurs sont des hommes crédibles.

Certains s'appuient sur cette version et prétendent que la version de Muhammad Ibn Yûsuf est incohérente (*mudtarib*). Mais ce n'est que pour la rejeter afin d'adopter les vingt *Rak'a* dans celle de Yazîd Ibn Khasîfa.

C'est une prétention rejetée, car le hadith incohérent est celui rapporté une fois ou deux par une seule personne ou deux ou par un ensemble de rapporteurs de plusieurs manières différentes, similaires et équivalentes sans que l'une l'emporte sur l'autre[1].

Mais ce critère est absent en ce qui concerne le hadith de Muhammad Ibn Yûsuf. Car la version de Mâlik l'emporte sur celle de 'Abd al-Razzâq d'après le critère de mémorisation, cela en supposant que la chaîne de transmission de 'Abd al-Razzâq soit exempte de défauts. Mais ce n'est pas le cas car :

1 *Tadrîb al-Râwî*, t. 1, p. 262.

- Ceux qui ont rapporté *al-Musannaf* de 'Abd al-Razzâq sont plusieurs dont Ishâq Ibn Ibrâhîm Ibn 'Ibâd al-Dabarî.
- Ce hadith est rapporté par al-Dabarî, car c'est celui qui a rapporté le chapitre du jeûne d'après 'Abd al-Razzâq[1].
- Al-Dabarî a entendu à l'âge de sept ans le *Musannaf* de la part de 'Abd al-Razzâq[2].
- Al-Dabarî n'était pas un homme du hadith et ne figurait pas parmi les spécialistes de ce domaine[3].
- C'est pourquoi sa version d'*al-Musannaf* comporte beaucoup d'erreurs. Car il a rapporté de la part de 'Abd al-Razzâq des hadith réprouvés (*munkar*). Certains savants ont réuni les erreurs et altérations d'al-Dabarî concernant *al-Musannaf* de *'Abd al-Razzâq* dans un ouvrage[4].

Par conséquent, la version en question s'avère réprouvée (*munkar*). Car al-Dabarî a ainsi contredit ceux qui sont plus crédibles que lui.

Il semble plausible qu'elle fasse partie de ses erreurs, à savoir qu'il se serait trompé sur le chiffre onze, tout en sachant qu'on lui attribue beaucoup d'erreurs[5].

Donc, il s'agit d'une version *munkar*[6] et erronée qui ne peut servir comme argument. Par contre, la version authentique fut rapportée dans *al-Muwatta'* avec une chaîne de transmission authentique selon Muhammad Ibn Yûsuf selon al-Sâ'ib Ibn Yazîd. Donc fais attention ![7]

1 *Al-Musannaf*, t. 4, p. 153.

2 *Mîzân al-I'tidâl*, t. 1, p. 181.

3 *Mîzân al-I'tidâl*, t. 1, p. 181.

4 *Mîzân al-I'tidâl*, t. 1, p. 181.

5 Voir *Tahdhîb al-Tahdhîb*, t. 5, p. 310; *Mîzân al-I'tidâl*, t. 1, p. 181.

6 Le hadith *munkar* ou réprouvé est ce qui a été rapporté par le faible divergent de ce que rapporte le sûr. NDT

7 Pour plus de renseignements : *al-Kashf al-Sarîh 'an aghlât al-Sâbûnî fî salât al-Tarâwîh* de 'Alî Hasan 'Abd al-Hamîd. Egalement: *al-Masâbîh fî salat al-Tarâwîh* d'al-Suyûtî, édition de Dâr 'Ammâr.

L'aumône de la rupture du jeûne (*Zakât al-Fitr*)

1. Son statut

La *Zakât al-Fiṯr* est obligatoire conformément au hadith d'Ibn 'Umar ﷺ qui dit :

فَرَضَ رَسُولُ اللهِ ﷺ زَكَاةَ الْفِطْرِ [مِنْ رَمَضَانَ عَلَى النَّاسِ.]

« Le Messager d'Allah ﷺ a imposé l'aumône de la rupture du jeûne [du mois de Ramadan aux gens] »[1].

Ainsi que celui rapporté par Ibn 'Abbâs ﷺ disant :

فَرَضَ رَسُولُ اللهِ ﷺ زَكَاةَ الْفِطْرِ.

« Le Messager d'Allah ﷺ a imposé l'aumône de la rupture du jeûne »[2].

Certains savants ont prétendu qu'elle fut abrogée selon le hadith de Qays Ibn Sa'd Ibn 'Ubâda qui dit :

أَمَرَنَا رَسُولُ اللهِ ﷺ بِصَدَقَةِ الْفِطْرِ قَبْلَ أَنْ تَنْزِلَ الزَّكَاةُ، فَلَمَّا نَزَلَتْ الزَّكَاةُ لَمْ يَأْمُرْنَا وَلَمْ يَنْهَنَا، وَنَحْنُ نَفْعَلُهُ.

---

1 Al-Bukhârî, t. 3, p. 291 ; Muslim, n° 984. Le rajout se trouve chez ce dernier.

2 Abû Dâwud, n° 1622 ; al-Nasâ'î, t. 5, p. 50.

« *Le Messager d'Allah ﷺ nous a ordonné de nous acquitter de l'aumône de la rupture du jeûne avant que la Zakât ne fut instituée. Mais après l'institution de cette dernière, il ne nous l'a ni commandée, ni interdite alors que nous avons continué à le faire* ».

L'érudit Ibn Hajar ﵀ a riposté dans *al-Fath* (t. 3, p. 368) en disant: « *Dans sa chaîne de transmission, il y a un anonyme*[1]. *Supposons qu'il soit authentique, il ne comporte aucun argument d'abrogation. Car il est probable que le premier ordre donné était suffisant. D'autant plus que l'institution d'une obligation n'exige pas l'annulation d'une autre* ».

Al-Khattâbî ﵀ a dit dans *Ma'âlim al-Sunan* (t. 2, p. 214): « *Cela n'indique pas la suppression de son obligation. Car l'ajout concernant la même sorte d'acte d'adoration n'implique pas l'abrogation du premier auquel il est ajouté. Or, la Zakât concerne l'argent, tandis que l'aumône de la rupture du jeûne est relative au nombre de personnes à charge* ».

2. Les catégories de personnes concernées par l'obligation

L'aumône de la rupture du jeûne est une obligation à l'égard du mineur, de l'adulte, de l'homme, de la femme, libres et esclaves parmi les musulmans. Selon le hadith de 'Abd Allah Ibn 'Umar ﵄ qui dit :

فَرَضَ رَسُولُ اللهِ ﷺ زَكَاةَ الفِطْرِ صَاعاً مِنْ تَمْرٍ أَوْ صَاعاً مِنْ شَعِيرٍ عَلَى الْعَبْدِ وَالْحُرِّ وَالذَّكَرِ وَالأُنْثَى وَالصَّغِيرِ وَالْكَبِيرِ مِنَ الْمُسْلِمِينَ.

---

1 Mais qui a été suivi. Al-Nasâ'î, t. 5, p. 49 ; Ibn Mâjah, t. 1, p. 585, avec une chaîne de transmission authentique.

« Le Messager d'Allah ﷺ a imposé l'aumône de la rupture du jeûne à raison d'un Sâ' de blé, de dattes ou d'orge à l'égard de l'esclave et du libre de l'homme et de la femme, du mineur et de l'adulte parmi les musulmans »[1].

Certains savants penchent pour son obligation même pour l'esclave mécréant en s'appuyant sur le hadith rapporté par Abû Hurayra ﷺ qui dit :

لَيْسَ فِي الْعَبْدِ صَدَقَةٌ إِلاَّ صَدَقَةَ الْفِطْرِ.

« Il n'y a aucune aumône à l'égard de l'esclave sinon celle de la rupture du jeûne »[2].

Ce hadith comporte un sens général tandis que celui d'Ibn 'Umar est précis, tout en sachant que le précis l'emporte sur le général.

D'autres ont dit qu'elle n'est obligatoire que vis-à-vis du jeûneur selon le hadith d'Ibn 'Abbâs ﷺ qui dit :

« Le Messager d'Allah ﷺ a institué l'aumône de la rupture du jeûne comme purification du jeûneur des propos futiles et obscènes et comme nourriture pour les pauvres »[3].

Al-Khattâbî a répondu à cela dans *Ma'âlim al-Sunan* (t. 3, p. 214): « *Elle est obligatoire vis-à-vis de tout jeûneur, qu'il soit riche, aisé ou pauvre, qui l'a comme surplus par rapport à sa nourriture quotidienne. Puisque son obligation est liée à la purification – dont tous les jeûneurs ont besoin – ils sont tous concernés par la cause. Donc, ils le sont également par l'obligation* ».

---

1 Al-Bukhârî, t. 3, p. 291; Muslim, n° 984.

2 Muslim, n° 982.

3 Cité précédemment.

Mais l'érudit Ibn Hajar ﷺ répondit : « *La mention de la purification concerne la majorité des gens, alors qu'elle est également obligatoire à l'égard de celui qui n'a pas commis de péchés tel que celui qui est réellement pieux ou celui qui embrasse l'Islam un instant avant le coucher du soleil.* »[1]

Certains savants estiment qu'elle est obligatoire à l'égard du fœtus. Mais nous ne connaissons aucune preuve appuyant cela, car il n'est appelé mineur ni dans la langue ni dans l'usage.

3. Les sortes d'aumône

La valeur de l'aumône de la rupture du jeûne est d'un *Sâ'* [2,1 kg] de nourriture, d'orge, de dattes, de fromage, de raisins secs ou de malt[2], selon le hadith d'Abû Sa'îd al-Khudrî ﷺ qui dit :

> « *Nous acquittions l'aumône d'al-Fitr à raison d'un Sâ' de nourriture, d'orge, de dattes, de fromage ou de raisins secs* »[3].

Le terme nourriture cité dans le hadith ci-dessus fut interprété de plusieurs manières. Ainsi, certains disent qu'il s'agit du blé, d'autres disent d'autre chose.

Mais le plus plausible est que c'est un terme général qui désigne tout ce qu'on peut peser comme nourriture tel que le blé et les autres aliments précédemment cités, y compris la farine et le *Sawîq*[4].

Car tout cela fut pratiqué à l'époque du Messager ﷺ selon le hadith de Ibn 'Abbâs ﷺ qui dit :

1 *Al-Fath*, t. 3, p. 369.

2 Orge blanche sans pellicule.

3 Al-Bukhârî, t. 3, p. 294, Muslim, n° 985.

4 Une sorte de farine.

« *Le Messager d'Allah ﷺ nous a ordonné d'acquitter l'aumône de la rupture du jeûne de Ramadan à raison d'un S̲â' de nourriture pour chaque individu, petit et grand, libre et esclave. Pour celui qui donne de la farine, c'est accepté, et pour celui qui donne du Sawîq , c'est accepté* »[1].

Il ﷺ disait aussi :

صَدَقَةُ رَمَضَانَ صَاعٌ مِنْ طَعَامٍ ؛ مَنْ جَاءَ بِبُرٍّ قُبِلَ مِنْهُ، وَمَنْ جَاءَ بِشَعِيرٍ قُبِلَ مِنْهُ، وَمَنْ جَاءَ بِتَمْرٍ قُبِلَ مِنْهُ، وَمَنْ جَاءَ بِسَلْتٍ قُبِلَ مِنْهُ، وَمَنْ جَاءَ بِزَبِيبٍ قُبِلَ مِنْهُ.

« *L'aumône de Ramadan est d'un S̲â' de nourriture. Pour celui qui donne du blé, de l'orge, des dattes, du salt ou des raisins secs, c'est accepté* ».

Et je pense qu'il ﷺ a dit :

وَأَحْسَبُهُ قَالَ : مَنْ جَاءَ بِسَوِيقٍ قُبِلَ مِنْهُ.

« *Pour celui qui donne du Sawîq, c'est accepté* »[2].

Quant aux hadiths qui rejettent l'existence du blé [parmi les catégorie cités] et le fait que Mu'âwiya ﷺ a estimé que payer deux *Mudd* (4,5 kg) de blé brun de Damas comme étant l'équivalent d'un *S̲â'*, cela pourrait s'expliquer par la rareté du blé par rapport aux autres sortes d'aliments qui constituaient la plus grande partie de leur alimentation. Ceci est soutenu par la parole d'Abû Sa'îd qui dit :

1 Ibn Khuzayma, t. 4, p. 80, avec une chaîne de transmission authentique.

2 Rapporté par Ibn Khuzayma, t. 4, p. 80, avec une chaîne de transmission authentique.

وَكَانَ طَعَامُنَا الشَّعِيرَ وَالزَّبِيبَ وَالْأَقِطَ وَالتَّمْرَ.

« Notre nourriture était à base d'orge, de raisins secs, de fromage et de dattes ».

Quant à l'opposant à un tel avis, il sera condamné à se taire lorsqu'on indiquera sa valeur à partir des hadiths authentiques mentionnant l'existence du blé dont les deux *Mudd* équivalent à un *S̲â* '. Cela, afin que le Musulman qui respecte les compagnons du Prophète ﷺ comme ils le méritent sache que l'avis de Mu'awiya ؓ n'était pas un simple effort d'interprétation. Il reposait plutôt sur un hadith attribué au Prophète véridique ﷺ.

4. Sa valeur

Le Musulman la donne en *S̲â'* de nourriture parmi les aliments précédemment cités. Quant au blé, il était l'objet d'une divergence.

Mais l'opinion la plus forte est qu'un demi *S̲â* ' est suffisant selon la parole du Prophète ﷺ qui dit :

أَدُّوا صَاعاً مِنْ بُرٍّ أَوْ قَمْحٍ بَيْنَ اثْنَيْنِ أَوْ صَاعاً مِنْ تَمْرٍ أَوْ صَاعاً مِنْ شَعِيرٍ عَنْ كُلِّ حُرٍّ وَعَبْدٍ وَصَغِيرٍ وَكَبِيرٍ.

« Donnez un S̲â' de froment ou de blé entre deux ; ou un S̲â' de dattes ou d'orges pour chaque [homme et femme] libre et esclave, petit et grand »[1].

Quant au *S̲â'* pris en considération, il s'agit de celui des Médinois selon le hadith rapporté par Ibn 'Umar ؓ qui dit :

1 Rapporté par Ah̲mad, t. 5, p. 432, d'après Tha'laba Ibn S̲u'ayr avec une chaîne de transmission dont tous les rapporteurs sont crédibles. Il est aussi renforcé par le hadith transmis par al-Dâraqut̲nî, t. 2, p. 151, d'après Jâbir, avec une chaîne authentique.

الْوَزْنُ وَزْنُ أَهْلِ مَكَّةَ، وَالْمِكْيَالُ مِكْيَالُ أَهْلِ الْمَدِينَةِ.

« Le poids est celui des habitants de la Mecque et la mesure est celle des habitants de Médine. »[1]

5. Sur qui doit-elle être perçue ?

Le Musulman s'en acquitte pour lui-même et tous ceux qui se trouvent à sa charge, qu'ils soient petits ou grands, hommes ou femmes, libres ou esclaves selon le hadith d'Ibn 'Umar ﷺ qui dit :

أَمَرَنَا رَسُولُ اللهِ ﷺ بِصَدَقَةِ الْفِطْرِ عَنِ الصَّغِيرِ وَالْكَبِيرِ وَالْحُرِّ وَالْعَبْدِ مِمَّنْ تَمُونُونَ.

« Le Messager d'Allah ﷺ a ordonné l'aumône de la rupture du jeûne au petit, au grand, au libre et à l'esclave parmi ceux qui sont sous votre charge »[2].

6. A qui est-elle destinée ?

Elle n'est destinée qu'aux pauvres, selon le hadith d'Ibn 'Abbâs ﷺ qui dit :

فَرَضَ رَسُولُ اللهِ ﷺ زَكَاةَ الْفِطْرِ طُهْرَةً لِلصَّائِمِ مِنَ اللَّغْوِ وَالرَّفَثِ وَطُعْمَةً لِلْمَسَاكِينِ.

« Le Messager d'Allah ﷺ a institué l'aumône de la rupture du jeûne comme purification pour le jeûneur des propos futiles et obscènes, et comme nourriture pour les pauvres ».

---

1 Abû Dâwud, n° 2340 ; al-Nasâ'î, t. 7, p. 281 ; al-Bayhaqî, t. 6, p. 31, selon Ibn 'Umar avec une chaîne de transmission authentique.

2 Al-Dâraqutnî, t. 2, p. 141 ; al-Bayhaqî, t. 4, p. 161 ; Ibn Abî Shayba dans *al-Musannaf*, t. 4, p. 37. Par l'ensemble de ces chaînes de transmission, il est fiable (*hasan*).

Cet avis fut adopté par le cheikh de l'Islam Ibn Taymiyya ﵀ dans *Majmû' al-Fatâwâ* (t. 25, p. 71-78) et son élève Ibn al-Qayyim dans son précieux livre *Zâd al-Ma'âd* (t. 2, p. 44).

Certains savants ont dit qu'elle est destinée aux huit catégories [méritant l'impôt légal]. Mais cet avis est dénué d'arguments.

Ibn Taymiyya a réfuté cet avis dans son ouvrage cité ci-dessus qu'il est très important de consulter.

Selon la sunna, l'aumône *(Zakât al-Fiṯr)* doit avoir quelqu'un [de désigné] chez qui elle est rassemblée. Car le Prophète ﷺ a chargé Abû Hurayra ﵁ qui a dit :

أَخْبَرَنِي رَسُولُ اللهِ ﷺ أَنْ أَحْفَظَ زَكَاةَ رَمَضَانَ.

> *« Le Messager d'Allah ﷺ m'a dit de veiller sur l'aumône de Ramadan »*[1].

Ibn 'Umar ﵄ la donnait à ceux qui la collectaient, en l'occurrence les collecteurs désignés par le gouvernant. Cela un ou deux jours avant la fin du Ramadan.

Ibn Khuzayma (t. 4, p. 83) a rapporté via 'Abd al-Wârith selon Ayyûb : « J'ai dit : "*A quel moment Ibn 'Umar donnait le Ṣâ'* ?". Il me répondit : "*Lorsque le collecteur passait*". J'ai dit : "*Quand le collecteur passait-il ?*". Il répondit : "*Un jour ou deux avant la fin du Ramadan*" ».

7. Son moment

On s'en acquitte avant la sortie des gens à la prière de la fête. Il n'est pas permis de la remettre après la prière ou de l'avancer plus d'un jour ou deux. Cela conformément à l'acte d'Ibn 'Umar ﵄ et conformément à la règle qui dit: « Le transmetteur du hadith est le mieux placé pour en connaître le sens ».

---

1 Al-Bukhârî, t. 4, p. 396.

Par conséquent, lorsqu'elle est acquittée après la prière, elle est considérée comme une simple charité selon le hadith d'Ibn 'Abbâs qui dit :

مَنْ أَدَّاهَا قَبْلَ الصَّلاَةِ فَهِيَ زَكَاةٌ مَقْبُولَةٌ، وَمَنْ أَدَّاهَا بَعْدَ الصَّلاَةِ فَهِيَ صَدَقَةٌ مِنَ الصَدَقَاتِ.

« Pour celui qui s'en acquitte avant la prière, elle est une aumône acceptée. Et pour celui qui s'en acquitte après la prière, elle est une simple charité ».

8. Sa sagesse

Allah le Sage Législateur l'a imposée comme purification pour les jeûneurs des propos futiles et obscènes, et comme nourriture pour les pauvres pour les rendre joyeux ce jour [de fête de la fin de Ramadan], comme le rapporte le hadith d'Ibn 'Abbâs cité précédemment.

Des hadiths faibles à propos du Ramadan

Nous avons décidé d'annexer ce chapitre à notre livre, vu son importance primordiale, afin d'avertir les gens et éclairer la vérité.

En effet, Allah ﷻ a disposé pour la sunna du Prophète ﷺ des transmetteurs dignes de confiance qui en éliminent les altérations des imposteurs, la protègent contre l'interprétation des fanatiques et dévoilent les falsifications des saboteurs.

A travers les siècles passés, la sunna du Prophète ﷺ fût entachée d'altérations telles que les hadiths faibles, mensongers ou forgés que nos anciens imams et savants ont parfaitement dévoilés et expliqués.

Mais en jetant un coup d'œil sur le monde actuel des écrivains et des prêcheurs, on remarque qu'ils [à part ceux qu'Allah a préservés] ne prêtent aucune importance à ce grave problème, malgré l'abondance des références scientifiques se chargeant de montrer l'authentique et de dénoncer le faux.

Notre but n'est pas d'aborder en détail cette question et ses graves conséquences vis-à-vis de la science et des gens.

En revanche, nous allons nous limiter à citer quelques exemples récents qui sont très propagés parmi les gens à tel point qu'il est devenu malheureusement rare de lire un article ou d'entendre un prône exempts de ces *hadiths* faibles.

Cela, conformément à la parole du Prophète ﷺ disant :

بَلِّغُوا عَنِّي وَلَوْ آيَةً!

« *Transmettez de ma part ne fût-ce qu'un verset !* »[1].

Et à celle qui dit :

الدِّينُ النَّصِيحَةُ.

« *La religion, c'est le conseil* »[2].

Ainsi, avec l'aide d'Allah ﷻ, nous disons que les hadiths faibles propagés parmi les gens de tous les niveaux sont tellement nombreux qu'ils ne citent presque plus les textes authentiques – malgré leur multitude – sans s'arrêter de s'attacher aux faibles.

Qu'Allah fasse miséricorde à l'Imam 'Abd Allah Ibn al-Mubârak qui dit: « *Il y a assez de hadiths authentiques pour se passer des faibles* ».

Alors que cet Imam soit notre modèle à suivre et que la science authentique et pure soit notre chemin.

Parmi ces hadiths faibles à propos du Ramadan, qui sont fort propagés parmi les gens :

- « *Si les serviteurs savaient ce qu'il y a dans le Ramadan, ma communauté souhaiterait que le Ramadan fusse toute l'année. Et le Paradis s'embellit pour le Ramadan à la tête de chaque année...* »

Ce hadith est rapporté par Ibn Khuzayma (n° 1886), Ibn al-Jawzî dans *Kitâb al-Mawdû'ât* (t. 2, p. 188-189) et Abû Ya'lâ dans son *musnad* selon l'ouvrage *al-Matâlib al-'Âliya* d'après Jarîr Ibn Ayyûb al-Bajalî selon al-Sha'bî selon Nâfi' Ibn Burda d'après Mas'ûd al-Ghifârî.

---

1 Al-Bukhârî, t. 6, p. 361.

2 Muslim, n° 55.

Mais il s'agit d'un hadith forgé. Ceci est dû à Jarîr Ibn Ayyûb. Ibn Hajar ﷺ a cité sa biographie dans *Lisân al-Mîzân* (t. 2, p. 101) et dit : « *Il est connu pour sa faiblesse* ». Puis il a rapporté la parole d'Abû Nu'aym à son propos qui dit : « *Il inventait le hadith* ». Et celle d'al-Bukhârî qui dit: « *Ses hadiths sont munkar [à savoir qu'il contredit ceux des rapporteurs crédibles]* ». Et quant à al-Nasâ'î, il en dit: « *[Ses transmissions] sont à abandonner (matrûk)* ».

Ibn al-Jawzî l'a condamné comme étant inventeur [de hadiths]. Ibn Khuzayma a dit: « *Même si le récit s'avérait authentique, il resterait du doute dans le cœur à cause de Jarîr Ibn Ayyûb al-Bajalî* ».

- « *Ô gens ! Un mois grandiose vous a couvert, un mois qui contient une nuit meilleure que mille mois. Allah a désigné son jeûne comme une obligation et la célébration de ses nuits par la prière comme acte surérogatoire. Quiconque s'approche [d'Allah] par une bonne qualité est comme celui qui accomplit une obligation en dehors de cette période. C'est un mois dont le début est une miséricorde, le milieu un pardon et la fin un affranchissement du feu...* »

Ce hadith est également rapporté par Ibn Khuzayma (n°1887), al-Mahâmilî dans son *Amâlî* (n°293) et al-Asbahânî dans *al-Targhîb* via 'Alî Ibn Zayd Ibn Jad'ân d'après Sa'îd Ibn al-Musayyib selon Salmân.

Mais il s'agit d'une chaîne de transmission faible à cause de 'Alî Ibn Yazîd. Voici les dires des savants à propos de ce dernier :

- Ibn Sa'd : « *Il n'est pas crédible, et il n'est pas pris en compte* ».
- Ahmad Ibn Hanbal : « *Il n'est pas fort dans la transmission du hadith* ».

- Ibn Ma'în : « *Faible* ».
- Ibn Abî Khaythama : « *Faible en toute chose* ».
- Ibn Khuzayma : «*Je ne compte pas sur lui à cause de sa mauvaise mémorisation* » comme il est rapporté dans *Tahdhîb al-Tahdhîb* (t. 7, p. 322-323).

Après avoir rapporté ce hadith en question, Ibn Khuzayma a dit: « Si[1] le récit s'avérait authentique ».

Ibn Hajar ﷺ a dit dans *al-Atrâf*: « *[Ce hadith] tourne autour de 'Alî Ibn Yazîd Ibn Jad'ân qui est faible* ». Cela fut rapporté par al-Suyûtî dans *Jâmi' al-Jawâmi'* (n° 23714).

Dans *'Ilal al-Hadîth* (t. 1, p. 249), Ibn Abî Hâtim l'a jugé comme un hadith *munkar*[2].

- *«[Si vous] jeûnez, vous serez en bonne santé.* »

Il s'agit d'un extrait de hadith rapporté par Ibn 'Adî dans *al-Kâmil* (t. 7, p. 2521) d'après Nahshal Ibn Sa'îd selon al-Dahhâk d'après Ibn 'Abbâs. Nahshal est rejeté car il mentait. Quant à al-Dahhâk, il n'a pas entendu de hadith de la part d'Ibn 'Abbâs.

En outre, al-Tabarânî l'a rapporté dans *al-Mu'jam al-Awsat* selon *Majma' al-Bahrayn* et Abû Nu'aym dans *al-Tîb al-Nabawî*. Cité dans *Takhrîj al-Ihyâ'* (t. 3, p. 87) et par Ibn Bukhît dans son *Juz* ainsi que dans *Sharh al-Ihyâ'* (t. 7, p. 401) selon Muhammad Ibn Sulaymân Ibn Abî Dâwud selon Zuhayr Ibn Muhammad selon Suhayl Ibn Abî Sâlih d'après Abû Hurayra.

Mais sa chaîne de transmission est faible, Abû Bakr al-Athram a dit: «*J'ai entendu Ahmad dire – en citant les récits des gens du Shâm qu'ils rapportent de la part de Zuhayr : "Ils rapportent de sa part des hadiths munkar."* »

---

1 Le mot « in-إن » qui veut dire "si" est omis dans certains ouvrages tels que *Targhîb wa al-Tahrîb*, t. 2, p. 95, ce qui a changé le sens de la phrase sur laquelle s'appuient certains prétendus savants.

2 Le hadith *munkar* est le texte appuyé sur l'autorité d'un seul narrateur faible. NDT

Abû Hâtim dit: « *Sa mémorisation comporte des lacunes. Et ses hadiths rapportés au Shâm sont plus munkar* que *ceux rapportés en Iraq à cause de sa mauvaise mémorisation* ».

Al-'Ajlî dit: « *Ces hadiths que les habitants du Shâm me rapportent de sa part ne me plaisent pas* ». Tel est le témoignage cité dans *Tahdhîb al-Kamâl* (t. 9, p. 417).

J'ajoute que Muhammad Ibn Sulaymân est de Damas et sa biographie se trouve dans *Târîkh Dimashq*. Donc les hadiths qu'il a rapportés de la part de Zuhayr sont *munkar* y compris ce hadith en question.

- « *Celui qui rompt le jeûne une journée de Ramadan sans excuse ni maladie, ne lui suffirait pas le jeûne de toute une année [ou éternité] même s'il le jeûne* ».

Ce hadith est rapporté par al-Bukhârî dans son Sahîh (*Fath al-Bârî*, t. 4, p. 160) sans chaîne de transmission.

Mais Ibn Khuzayma a relié sa chaîne de transmission dans son Sahîh (n° 1987) ainsi qu'al-Tirmidhî (n° 723), Abû Dâwud (n° 2397), Ibn Mâjah (n° 1672), al-Nasâ'î dans *al-Sunan al-Kubrâ* selon *Tuhfat al-Ashrâf* (t. 10, p. 373), al-Bayhaqî (t. 4, p. 228) et Ibn Hajar (*Taghlîq al-Ta'lîq*, t. 3, p. 170) d'après Abû al-Mutawwas selon son père selon Abû Hurayra.

Dans *Fath al-Bârî* (t. 4, p. 161) Ibn Hajar ﷺ a dit : « Il fut largement controversé à cause de Habîb Ibn Abî Thâbit. Ainsi ce hadith a trois défauts : l'incohérence, la méconnaissance de l'état de al-Mutawwas et le doute en ce qui concerne le fait que son père ait entendu d'Abû Hurayra ».

Après avoir cité le hadith en question, Ibn Khuzayma a dit : « *Si le récit s'avérait authentique, je ne connais ni Ibn al-Mutawwas ni son père* ». Donc, le hadith est également faible.

Enfin, ces quatre hadiths ont été jugés faibles par les savants et imams. Malgré cela, on continue à les entendre et à les lire chaque jour du mois de Ramadan et même en dehors.

Il est évident que certains de ces hadiths comportent des sens exacts et prouvés dans notre religion par le Coran et la sunna. Mais un tel prétexte ne peut à lui seul justifier l'attribution au Messager d'Allah ﷺ de ce qui n'est pas avéré comme provenant de lui. Cela tout en sachant que notre communauté est – grâce à Allah – privilégiée par rapport aux autres par la science de la chaîne de transmission qui permet de distinguer le hadith acceptable du faux, ainsi que l'authentique du faible.

Il s'agit d'une science extrêmement minutieuse. Quelle véridique parole que celle qui dit: « *[Cette science est] la logique des textes transmis et le critère de l'authentification des récits* (*Mantiq al-Manqûl wa Mîzân Tashîh al-Akhbâr*)».

L'épilogue
(qu'Allah nous en accorde un bon)[1]

Frère souciant de l'obéissance au Tout-Vivant, Celui qui subsiste par Lui-même (*al-Qayyûm*), telle est la façon dont le Prophète ﷺ jeûnait. Elle est entre tes mains. Désormais, son enseignement concernant le Ramadan t'est clair.

Donc hâte-toi vers le bien en te conformant [à la sunna] et distingue-le avec la compréhension qu'Allah ﷻ t'a donnée.

Pureté à Toi ! Seigneur ! Que Tes Louanges soient célébrées ! Je témoigne qu'il n'y a point de divinité en dehors de Toi. J'implore Ton pardon et je reviens repentant vers Toi.

Ecrit par les deux étudiants
dans la science prophétique,
Salîm Ibn 'Îd al-Hilâlî
&
'Alî Hasan 'Alî 'Abd al-Hamîd

1 C'est-à-dire une bonne fin de vie. NDT

Table des matières

Chez l'éditeur

Croyance

1. *Le dogme du Monothéisme*
   Cheikh Sâlih Ibn Fawzân al-Fawzân
2. *Le concept de la Sunna et de l'Unanimité*
   Dr Nâsir Ibn 'Abd al-Karîm al-'Aql
3. *Les gens de la Sunna et de l'Unanimité : leur dogme et la position des mouvements islamiques contemporains face à celui-ci*
   Dr Nâsir Ibn 'Abd al-Karîm al-'Aql
4. *Explication des trois fondements*
   Muhammad Ibn Sâlih al-'Uthaymîn
5. *La croyance du Musulman en 200 questions-réponses*
   Cheikh Hâfiz Ibn Ahmad al-Hakamî
6. *L'innovation et son effet néfaste sur la communauté*
   Salîm Ibn 'Id al-Hilâlî
7. *Les signes de la fin des temps*
   Yûsuf Ibn 'Abd Allah Ibn Yûsuf al-Wâbil
8. *La foi au Décret divin et au Destin*
   Muhammad Ibn Ibrâhîm al-Hamad
9. *Règle abrégée sur l'obligation de l'obéissance à Allah, à Son Messager et aux dirigeants*
   Ahmad Ibn 'Abd al-Halîm Ibn Taymiyya
10. *Les Prophètes et les Messagers*
    Râ'id Idrîs
11. *Les clés de l'Inconnaissable*
    Muhammad Ibn Sâlih al-'Uthaymîn
12. *Le salafisme : du mythe à la réalité*
    Muhammad Nâsir al-Dîn al-Albânî

Jurisprudence

13. *L'invocation à la lumière du Coran et de la Sunna authentique : conditions, bienséances et erreurs commises*
    Cheikh 'Abd Allah al-Khudarî
14. *Le jeûne durant le Ramadan comme l'a enseigné le Prophète* ﷺ
    Salîm al-Hilâlî et 'Alî Hasan al-Halabî

15. *Les substances illicites et impures dans les aliments et les médicaments*
Dr Nazîh Hammâd
16. *Le vendredi : règles, bienséances et mérites*
Khâlid Abû Sâlih
17. *La purification et la prière du malade*
Cheikhs Ibn Bâz & Ibn al-'Uthaymîn
18. *Le mérite du jeûne et de la prière nocturne du Ramadan*
Cheikh 'Abd al-'Azîz Ibn Bâz
19. *Les invocations après la prière*
Sulaymân al-Kharâshî
20. *Le regard entre permission et interdiction*
Khâlid Ibn Ibrâhîm al-Saq'abî
21. *48 questions sur le jeûne*
Muhammad Ibn Sâlih al-'Uthaymîn
22. *Les chants et la musique*
Muhammad Nâsir al-Dîn al-Albânî
23. *Le pèlerinage du Prophète* ﷺ
'Abd al-'Azîz Ibn Bâz
24. *Les heures fixes de la prière*
Muhammad Ibn Sâlih al-'Uthaymîn
25. *Acheter sa maison à crédit ?*
Dr Salâh al-Sâwî

FAMILLE

26. *Le mariage : un nouveau départ dans la vie*
Muhammad Ibn Ibrâhîm al-Hamad
27. *Nouveau départ avec mon épouse*
Muhammad Ibn Ibrâhîm al-Hamad
28. *Nouveau départ avec mon mari*
Muhammad Ibn Ibrâhîm al-Hamad
29. *Quarante conseils pour réformer les foyers*
Muhammad Sâlih al-Munajjid
30. *Le fiqh du mariage*
'Amr 'Abd al-Mun'im Salîm
31. *La voie du jeune Musulman : volume premier et second*
'Alî Hasan al-Halabî
32. *Le Prophète* ﷺ *t'aime mon enfant*
'Abd Allah al-Bûs'îdî
33. *Réfléchis avant de divorcer*
'Abd al-Malik al-Qâsim

Femmes

34. *Pour toi, sœur musulmane*
    'Abd al-'Azîz Ibn 'Abd Allah al-Muqbil
35. *Ma sœur, voilà comment Allah et Son Messager veulent que tu sois…*
    'Amr 'Abd al-Mun'im Salîm
36. *Recueil de fatwas concernant les femmes*
    'Abd al-'Azîz Ibn Bâz, Nâsir al-Dîn al-Albânî, Muhammad Ibn Sâlih al-'Uthaymîn…
37. *Les femmes au Paradis*
    Sulaymân al-Kharâshî
38. *Dix prétextes pour ne pas porter le Hijâb*
    Huwaydâ Ismâ'îl
39. *Le rôle de la femme dans la réforme de la société*
    Muhammad Ibn Sâlih al-'Uthaymîn
40. *Chère sœur, ne sois pas triste*
    Éditions al-Hadîth
41. *Femme au foyer*
    Hayâ al-Râshid

Éthique & Spiritualité

42. *Comment augmenter ma foi*
    Muhammad Sâlih al-Munajjid
43. *Je veux me repentir mais…*
    Muhammad Sâlih al-Munajjid
44. *Les actions décuplées*
    Sulaymân Ibn Sâlih al-Kharâshî
45. *Jeune frère, jeune sœur ! Comment faire face au désir ?*
    Muhammad Ibn 'Abd Allah al-Duwaysh
46. *Le lien entre le comportement, le dogme et la foi*
    Sulaymân Ibn Sâlih al-Ghusn
47. *Comment purifier ton âme par la prière*
    Cheikh Husayn al-'Uwâysha
48. *Interdits négligés par les gens et dont il faut se garder*
    Muhammad Sâlih al-Munajjid
49. *Remercies-tu Allah pour Ses bienfaits ?*
    Azharî Ahmad Mahmûd
50. *Les secrets d'une belle et longue vie*
    Muhammad Ibn Ibrâhîm al-Nu'aym

51. *Aide ton prochain*
Azharî Ahmad Mahmûd
52. *Comment accueillir le Ramadan ?*
Azharî Ahmad Mahmûd
53. *La saveur de la prière, selon Ibn Qayyim al-Jawziyya*
'Âdil al-Zuraqî
54. *Te hâtes-tu à faire le bien ?*
Azharî Ahmad Mahmûd
55. *Les mérites du Coran*
Mustafâ al-'Adawî
56. *Les sentiers de l'adoration*
Salîm Ibn 'Îd al-Hilâlî
57. *La patience*
'Abd al-Rahmân Âl al-Shaykh

Récits coraniques

58. *Les propriétaires du verger*
Mustafâ al-'Adawî
59. *Les deux fils d'Âdam* عليه السلام
Mustafâ al-'Adawî
60. *L'histoire de Yûnus* عليه السلام
Mustafâ al-'Adawî

Éveil & Découverte

61. *Arc-en-ciel, volume 1*
(manuel d'enseignement pédagogique de la religion)
Éditions al-Hadîth
62. *Arc-en-ciel, volume 2*
Éditions al-Hadîth
63. *Arc-en-ciel, volume 3 (la prière illustrée)*
Éditions al-Hadîth
64. *Arc-en-ciel, volume 4*
Éditions al-Hadîth
65. *Arc-en-ciel, volume 5*
Éditions al-Hadîth
66. *Arc-en-ciel, volume 6 (le pèlerinage illustré)*
Éditions al-Hadîth

Actualité

67. *Conseils aux internautes*
    Dâr al-Qâsim
68. *Le portable : mode d'emploi islamique*
    Muhammad Ibn Ibrâhîm al-Hamad

Divers

69. *La sorcellerie et les moyens de s'en protéger*
    'Abd al-'Azîz Ibn 'Abd Allah Jadîd
70. *Dialogues Musulman Chrétien*
    Hasan M. Baagil
71. *L'interprétation des rêves : guide théorique et pratique*
    Khâlid Ibn 'Alî al-'Anbarî
72. *La prière pour le Prophète* ﷺ
    Cheikh 'Abd al-Muhsin al-'Abbâd
73. *La prédication: obligation religieuse et devoir citoyen*
    Dâr Ibn al-Mubârak
74. *Comment j'ai découvert l'Islam*
    Émilie Bramlet
75. *Les hadîth faibles et inventés : leur effet néfaste et leur danger*
    Dâr Ibn al-Mubârak
76. *Islam & soufisme*
    Abû 'Abd Allah al-Misrî
77. *Les mérites de la région du Shâm*
    Muhammad al-Raba'î et Ibn Taymiyya correction des hadiths par cheikh al-Albânî
78. *Par amour pour Jésus, j'ai embrassé l'Islam*
    Simon Alfredo Carabello